中国古代社会保障制度研究

叶玲 著

中国纺织出版社

图书在版编目（CIP）数据

中国古代社会保障制度研究 / 叶玲著.-- 北京 : 中国纺织出版社，2018.10（2025.5重印）
ISBN 978-7-5180-3623-3

Ⅰ. ①中… Ⅱ. ①叶… Ⅲ. ①社会保障制度－研究－中国－古代 Ⅳ. ①D691.9

中国版本图书馆CIP数据核字（2017）第119260号

责任编辑：汤　浩　　**责任印制**：储志伟

中国纺织出版社出版发行
地　　址：北京市朝阳区百子湾东里A407号楼　**邮政编码**：100124
销售电话：010-67004422　　**传真**：010-87155801
http：//www.c-textilep.com
E-mail：faxing@c-textilep.com
河北晔盛亚印刷有限公司印刷　各地新华书店经销
2018年10月第1版　　2025年5月第9次印刷
开　　本：880 × 1230　1/32　　**印张**：7
字　　数：200千字　　**定价**：88.00元

作者简介

ZUO ZHE JIAN JIE

叶玲（1964—），陕西子洲县人，渭南师范学院人文学院历史学副教授，任渭南市人口与发展研究中心委员、渭南市党史研究会理事、渭南市国学研究会理事；长期致力于中国古代经济史和秦东历史文化研究，先后主持了陕西省社会科学基金项目、省教育厅科研项目、陕西省社科界重大理论与现实问题研究项目、校级等多项各级科研项目，获得过陕西省渭南市第十一届自然科学优秀论文及学术成果二等奖，编著的《中外思想史》获得了陕西省优秀教材二等奖，先后获得过渭南师范学院优秀教学成果一、二等奖和教学能手，先后发表学术论文30多篇，参编《渭华照金精神与青年马克思主义者培养研究》（2015年）、《大学生马克思主义素养模式研究》（2016年）著作两部。

本书属于2015年陕西省社会科学基金项目“清代陕西仓储与社会保障制度研究”（项目号：2015H015）研究成果。

前言

QINA YAN

建立完善的社会保障体系，是缓解社会矛盾、保证国家长治久安的物质基础，常被誉为维护社会稳定的安全阀。在中国封建社会中后期，随着土地私有制的发展，土地兼并所带来的社会成员之间贫富悬殊日益扩大，由此引发诸多社会矛盾进一步激化，但中国封建社会却能够长期存在下来，其历史蕴意值得后人深思。过去我们仅从封建专制制度本身及其专制思想文化层面寻求其“超稳定结构”的解释，显然有失偏颇。如果我们认真研究历代所建立的日渐完善的社会保障体系，并客观公正地评价它在化解社会矛盾、维护社会稳定方面所具有的独特作用，就不难发现许多宝贵的历史经验至今仍然值得我们借鉴，本书致力于从古代特定的社会保险、福利、救济等方面研究福利制度的发展，对应中国当代福利制度，做出总结与展望，从中总结探索出古代社会保障制度的种种利弊得失，从而对先进的社会保障事业建设起到启示的作用。

前言

目录

MU LU

第一章

古代社会保障思想、理论和政策

中国古代统治者向被统治者提供一定的社会保障待遇，见诸典籍，是不争的事实。古代官府的重要职能之一就是为社会成员提供社会保障待遇，因此也相应地建立了一整套社会保障制度。建立社会保障制度的依据就是其相对成熟的社会保障思想。中国古代社会保障政策、制度和思想三者之间是相辅相成的关系。政策往往体现了某种思想，而某种思想往往通过政策得以实现。在这里还应当指出的是，不能因为中国古代没有社会保障这个词汇，就否认中国古代社会保障不仅存在，而且比较发达、自成体系这一基本事实；否则，便如同“哲学”一词源于西方，因而中国古代没有哲学这种荒谬认识一样可笑。同样，古代社会保障思想和制度也绝不同于现代社会保障思想和制度，也就是说，不能生搬硬套地用现代社会保障理论诠释古代的社会保障思想和实践。

第一节 古代社会保障的思想基础

古代涉及宇宙本源、社会制度以及天人关系等方面的哲学、政治和伦理思想，是古代社会保障的思想基础。历代文献中以下几方面内容值得注意。

一、天授王权，人承天意

人之所以常常力不从心，是因为他是人而不是神。普通人如此，作为君主也是如此。无论是通过禅让得到政权，通过继承得到政权，还是通过战争，甚至阴谋夺得政权，成为统治者(管理者)的君主无一例外地都会向神祈求庇护。保佑他的统治可以稳若磐石，世代相传。他坚信是神在万众中选他为君主，他所拥有的权是上天赐予的——天授王权；他只要按照天的旨意行事，人承天意就能够保住自己的政权。关键是：天神会让君主怎么做？很显然，这里的“天意”就是“人意”，无论如何天不可能告诉人该怎么做，而只能是人的“想象”：“天让我怎么做？”这个“想象”可以是美善的，也可以是丑恶的。

但当人们在恐惧天神的情况下，是否还敢于做“丑恶”的事情呢？其实，从人类产生到现在，虽然每一个时期美善与丑恶的标准不会绝对的相同，但相对的准则应该是一致的，即符合人性中最本质的东西是美的、善的；不符合人性中最本质的东西是恶的、丑的。人类希望吃饱、穿暖，生活在安定的环境中(当然不只是人类，动物也如此)，这是人性的最本质的东西。正如《尚书·周书·泰誓》所说：“天矜于民，民之所欲，天必从之。”君主得到天神给予的统治万民的权力，必须使人们生活有基本保障；如果人们吃不饱、穿不暖，不遂民欲，就是违背天意。违背天意，则天必谴之。由此，历代君主和研究治理国家策略的思想家们便展开了他们的“想象”。

《国语·周语上》记述了这样的故事：“(周惠王)十五年，有神降于莘，王问于内史过曰：‘是何故？固有之乎？’对曰：‘有之国之将兴，其君齐明衷正精洁惠和，其德足以昭其馨香，其惠足以同其民人。神飨而民听，民神无怨，故明神降焉，观其政德而均布福焉。国将亡，其君贪冒淫僻，邪佚荒怠、芜秽暴虐；其政腥臊，馨香不登；其刑矫诬，百姓携贰。明神不蠲，而民有远意，民神痛怨，无所依怀，故神亦往焉，观其苛慝而降之祸。是以或见神而兴，亦有以亡。昔夏之兴也，融降于崇山；其亡也，回禄信于聆隧。商之兴也，梼杌次于丕山；其亡也，夷羊在牧。周之兴也，鸑鷟鸣于岐山；其衰也，杜伯射宣王于镐。是皆明神之纪者也。'" 既然，国家兴亡神都会降临，那么民神“无怨”和“怨痛”的事情应是一致的。因此一个君主只有做到“齐明、衷正、精洁、惠和”，将恩惠施于广大的百姓，才能保有自己的权位。

《尚书》记道：“皇天既付中国民越厥疆土于先王，肆王惟德用，和怿先后迷民，用怿先王受命。已！若兹监，惟曰欲至于万年，惟王子子孙孙永保民。”保民，即是安民，养民。《无逸》记载周公的话：“文王卑服，即康功田功；徽柔懿恭，怀保小民，惠鲜鳏寡。自朝至于日中昃，不遑暇食，用咸和万民。”在这里，“天意”就更进一步说明“保民”的对象是那些“小民”，尤其是需要君主施惠的“鳏寡”之人。“事神保民”也就成为周朝统治者的治国纲领。

孟子这样阐述“天意”“神授”的实质：“天视自我民视，天听自我民听。”即：无论是“天意”，还是“神授”，能够决定国家命运的还是“民意”。因为“天意”和“民意”是统一的，“事天神”，就要“保小民”；保民就要遂民意。“乐民之乐者，民亦乐其乐；忧民之忧者，民亦忧其忧。乐以天下，忧以天下，然而不王者，未之有也”。“保民而王，莫之能御也”。而且，当“上之于下，如保赤子，下之亲上，欢如父母”的情况出现时，“天意”就得到了合乎情理的体现：为人父母者不能抛弃自己的子女，不能对子女的危难置若罔闻。所以古代君主和官吏又自称是民之“父母”。

二、君主百姓的对立统一关系

安民、养民就是保民，而保民的前提是拥有民。君和民是互相对立、彼此依存的关系，没有民哪有君？尤其是在古代社会，人少地旷，必须拥有更多的民众，才能拥有足够的劳动力，才能使国富兵强。所以古代把“人之多寡”作为国家强弱的标准。但是，对君和民的关系无论是从政治的角度，还是从经济的角度考察，它们都是处在一个相对封闭的社会中互相对立的两端。

从政治的角度考察，他们是统治者(管理者)和被统治者(被管理者)；从经济的角度考察，他们是公共部门(赋税征收者及公共资源支配者)和私人部门(赋税缴纳者及私有资源支配者)。他们之间必然存在政治利益和经济利益的博弈。要想达到社会和谐发展的目的，必须找到博弈的平衡点。古人把这种关系形象地比喻为:“传曰:‘君者，舟也；庶人者，水也。水则载舟，水则覆舟，”为君者必须清醒地认识到，君权虽然是“上天所赐”，但如果不能够得到百姓的拥戴，同样会被推翻。这段话也成为历代统治者引以为鉴的治国圣典。他们同样需要认清的是:君主调整这种关系的良策不是把“舟”建造得大而坚即可，而是要尽全力使“水”平缓。就如同再大的船在大海中也是孤舟一样，君主的力量再大也不可能胜过万民！君主与民对抗的结果只能是:覆舟——某个君主的失权；大海不可能消失——它永远是或平静、或翻腾地存在于地球上。这是铁的定律——自然规律，统治者遵循它，则政权稳固；

违背它，则政权倾覆。

“君”与“民”的关系能否和谐，是国家盛衰兴亡的关键。怎样才能促使“君”和“民”的关系和谐？主动权在君，不在民。有史为证，《国语·鲁语上》载：“晋人杀厉公，边人以告，成公在朝。公曰：‘臣杀其君，谁之过也？’大夫莫对，里革曰：‘君之过也。夫君人者，其威大矣。失威而至于杀，其过多矣。且夫君也者，将牧民而正其邪者也，若君纵私回而弃民事，民旁有慝无由省之，益邪多矣。若以邪临民，陷而不振，用善不肯专，则不能使，至于殄灭而莫之恤也，将安用之？桀奔南巢，纣踣于京，厉流于彘，幽灭于戏，皆是术也。夫君也者，民之泽也。行而从之，美恶皆君之由，民何能为焉。”总结夏桀、商纣和周厉王、周幽王丧国的原因，是他们本身失德于民众。

君主既“以邪临民，陷而不振，用善不肯专”，又在民“至于殄灭而莫之恤”，民不可能服从这样的君主。因此，君主被杀不是民的过错，而是君的过错。在阶级社会中，如果君主不主动调整君与民的关系，就只能被动地等待民采取暴力手段调整二者的关系。所以《墨子·兼爱上》指出：“圣人以治天下为事者也，必知乱之所自起，焉能治之；不知乱之所自起，则不能治。譬之如医之攻人之疾者然：必知疾之所自起，焉能攻之；不知疾之所自起，则弗能攻；治乱者何独不然？必知乱之所自起，焉能治之；不知乱之所自起，则弗能治。”什么是乱之始？“晋人杀厉公”的事例已经给出了相应答案。孟子也有非常明确的回答：“桀纣之失天下也，失其民也；失其民者，失其心也。得天下有道：得其民，斯得天下矣；得其民有道：得其心，斯得民矣。得其心有道：所欲与之聚之，所恶勿施尔也。”不失民心，国就不会乱；国乱，在于失民心。荀子也形象地把这种关系比喻为“马骇舆，则君子不安舆；庶人骇政，则君子不安位。”因此，君主若想平安地乘坐马车，就要使马不“骇”；君主要想安稳地拥有政权，就要使民不“骇政”。所以说：“天之立君，以为民也；君之立国，以行保民之政也”，按照我们现在的观点，就是国家的各项政策、制度的实施要以不引起公众的反对为最低标准，而保民、爱民则是国家制定政策制度的出发点。所以《晏子春秋》中当景公问晏子：“贤君之治国若何？”时，晏子把“赦过而救穷”“下无冻馁之民”“其民安乐而尚亲”作为君主“爱民”的重要标志。

三、君与民的博弈平衡点——“国安”

虽然君和民的关系是对立的，但“国危则无乐君，国安则无忧民。”只要国安，君和民将有相同的感受——无忧。因此，国安成为君和民“统一”起来的平衡点。君主无论是出于畏惧天神的动机而保民，还是畏惧民反失位的动机而惠民，都必须主动促使社会达到安定的局面。这也正是现代社会学中所谓国家必须进行“社会安全运行控制”的原理，是统治者主动为民众提供社会保障待遇的思想理论基础。

必须指出，在中国，这种主动进行“社会安全运行控制”以达到“国安”的思想不仅被多数最高统治者奉为圣典，不断研究；就是普通的官吏，也是通过反复研读这些理论才能成为各级政府管理机构中的一员。我国从南北朝末期开始实施的九品中正制度及隋唐开始实施的科举制度都保证入选的文官，无论士庶，要以熟读古代经典著作为基本条件。尤其从宋朝开始，不仅对君主讲“忠”、对父母讲“孝”、对兄弟姐妹讲“友爱”、对朋友讲“信义”作为全国教化的道德准则，科举考试更是以传统儒家著作为考试的重要内容。虽然应试者的出发点是“考取功名”，但十数年的苦读，必然使他们深受儒家传统思想的熏陶，一旦为官，这些人常常自诩“一方百姓之父母”。按照人性的常理，没有父母会对子女的苦难置之不理，加之国家又将官吏对百姓的救助状况作为考核的重要“政绩”之一，很多官吏都会尽心尽力对百姓实施救助。

这种惠民的思想基础不仅植根于国家政策制度的制定者心中，也植根于政策制度的执行者心中，这就保证了最高统治者的社会保障思想可以得到贯彻执行。并且保证了即使是有一些最高统治者无视民瘼，或者由于行政制度和程序的制约，影响及时救助百姓，一些官吏也能对最高统治者进谏，甚至是死谏；有些官吏能够甘愿冒生命危险换来对百姓的及时救助。

另外，当最高统治者认同“国安”是统治者(管理者)和被统治者(被管理者)达到“统一”的平衡点之后，也进一步保证了：我国古代对社会成员的生存保障是由国家建立的、自上而下的、以国家的财力为依托的一整套比较完整的救助制度，即使是民间的慈善活动也受到国家的支持和鼓励(包括精神和物质方面)；也正是因为中国古代的社会保障具有“国家性”的特点，也就决定了中国古代的社会保障是以国家政权为依托，以国家法律作保障的。虽然这种法律还不能和近代资产阶级建立起来的法权媲美，而且往往还会受到皇权的人治侵害。

第二节 古代的社会保障思想和理论

一、基于“畏天事神”的自省式社会保障思想

面对自然灾害，在我国历史发展的早期，有“禳弭论”“阴阳五行灾异说”和“灾异天谴论”等理论。这些理论不能算作社会保障思想，只是人们对天灾产生原因的认识及采取的相应措施。其中一些有助于帮助最高统治者积极采取对策，直接或者间接救助百姓。如前文所述，由于古代社会生产力发展水平极低，人们对自然界的认识水平只能停留在盲目的神秘崇拜阶段。古代人认为：天地万物都受天神控制，自然灾害的发生是天神震怒的表现，“今二月，帝不令雨。”不下雨的原因是：帝“命令”天不下雨。天神的震怒是由于对人行为的不满引起的，“天疾畏降丧，是德不克尽，作忧于先王。”“古人有言，夫灾异之生，由人而起。人无衅焉，妖不自作。故人失于下，则变见于上，天事恒象，百代不易。”“灾者，天之谴也，异者，天之威也。谴之而不知，乃畏之以威。凡灾异之本，尽生于国家之失。国家之失乃始萌芽，而天出灾异以谴告之，谴告之而不知变，乃见怪异以惊骇之，惊骇之尚不知畏恐，其殃咎乃至。”“国家将有失道之败，而天乃先出灾害以谴告之，不知自省，又出怪异以警惧之，尚不知变，而伤败乃至”。

因此，古代作为掌握国家命运的君主，如若有德，举措得当，便有天神庇护，风调雨顺，国家太平；相反，君主失德，必然招致天神震怒，灾异不断，国贫民伤。而最初人们

似乎只能诚心向天神祈祷，改正自己的过失，祈求天神宽恕。对此，在我国史籍记载中，从商汤始就有这样的“国事”活动。《吕氏春秋》记载：“昔者汤克夏而正天下。天大旱，五年不收，汤乃以身祷于桑林，日：‘余一人有罪，无及万夫；万夫有罪，在余一人。无以一人之不敏，使上帝鬼神伤民之命。’于是翦其发，枥其手，以身为牺牲，用祈福于上帝。民乃甚说，雨乃大至。则汤达乎鬼神之化、人事之传也。”《春秋左传》鲁哀公六年(公元前489年)记载：“是岁也，有云如众赤鸟，夹以飞，三日。楚子使问诸周大史。周大史曰：‘其当王身乎。若祭之，可移于令尹、司马。’王曰：‘除腹心之疾，而置诸股肱，何益？不谷不有大过，天其夭诸？有罪受罚，又焉移之？’遂弗祭。”当天有灾异时，周太史告诉楚昭王，这个灾祸固然由国王承担，但如果禳祭一下，就可以将灾祸转嫁到大臣身上，有什么好处呢？自己没有大的过失，天为什么要我死？如果真的有罪，应当自己受罚，又怎能转移给大臣呢？在周朝，这种活动比较频繁，而且国君也从纯粹的“反省自责”，逐渐走向“反省自责＋救灾措施”，对自然灾害发生的原因有了进一步认识。鲁僖公二十一年“夏大旱，公欲焚尪。臧文仲曰：‘非旱备也。修城郭，贬食省用，务穑劝分，此其务也。巫尪何为？天欲杀之，则如勿生，若能为旱，焚之滋甚。’公从之。是岁也，饥而不害。”巫尪并不一定导致灾害的发生，当务之急是当政者积极采取相应措施：修城墙，节省开支，鼓励种植谷物以及进行救济。

汉文帝时出现日食现象。帝曰：“朕闻之，天生蒸民，为之置君以养治之。人主不德，布政不均，则天示之以蕾，以诫不治。乃十一月晦，日有食之，逋见于天，蕾孰大焉！朕获保宗庙，以微眇之身讬于兆民君王之上，天下治乱，在朕一人，唯二三执政犹吾股肱也。朕下不能理育群生，上以累三光之明，其不德大矣。令至，其悉思朕之过失，及知见思之所不及，匄以告朕。及举贤良方正能直言极谏者，以匡朕之不逮。因各饬其任职，务省繇费以便民。朕既不能远德，故惘然念外人之有非，是以设备未息。今纵不能罢边屯戍，而又饬兵厚卫，其罢卫将军军。太仆见马遗财足，馀皆以给传置”。这是文帝自省之后采取了减轻百姓徭役负担的举措，虽然不是直接救助百姓，但对贫苦百姓改善生活有积极作用。董仲舒极力宣扬天人感应的理论，他主张君主必须以仁德消除灾异："五行变至，当救之以德，施之天下，则咎除。不救以德，不出三年，天当雨石。"所以在汉代，统治者的"自省"活动并不少见。《汉书》中也有这样一段记载：宣帝本始四年(前70年)夏，"关东四十九郡同日地动，或山崩，坏城郭室屋，杀六千馀人。上乃素服，避正殿.，遣使者吊问吏民，赐死者棺钱。下诏曰：'盖灾异者，天地之戒也。朕承洪业，托士民之上，未能和群生。曩者地震北海、琅邪，坏祖宗庙，朕甚惧焉。其与列侯、中二千石博问术士，有以应变，补朕之阙，毋有所讳，"。

西晋武帝太康元年(公元280年)，卫罐等多次奏请封禅泰山，武帝则一再不许。并下诏责问："今阴阳未知，刑政未当，百姓未得其所，岂可以勒功告成邪！"东晋元帝也曾下诏自责："朕以寡德，纂承洪绪，上不能调和阴阳，下不能济育群生。灾异屡兴，咎征仍见。壬子、乙卯，雷震暴雨，盖天灾谴戒，所以彰朕之不德也。"北周明帝武成元年(公元557年)"六月戊子，大雨霖。诏曰：而霖雨作诊，害麦伤苗，陵屋漂垣，洎于昏垫。谅朕不德，苍生何咎。刑政所失，罔识厥由。公卿大夫士爰及牧守黎庶等，今宜各上封事，谠言极谏，罔有所讳。朕将览察，以答天谴。其遭水者，有司可时巡检，条列以闻。”

清代陆曾禹《康济录》记载明太祖朱元璋祈祷求雨的过程：“明太祖洪武三年夏，久不雨，上忧之，乃择日躬自祈祷，至日四鼓，上素服草履，徒步出诣山川坛，设药席露坐，昼暴于日，顷刻弗移，夜卧于地，衣不解带。皇太子捧槛进农家之食，杂麻麦菽粟。凡三日，既而大雨，四郊霜足。”这种行为可以说是统治者敬天保民思想的体现，是一种较为普遍的“自省式”行为。明宣宗宣德八年(公元1433年)也曾颁布诏令，阐述了“自省”的思想：“朕以菲德，恭嗣天位，统御逃民，夙夜惓惓，图惟安利。今畿内及河南、山东、山西并奏，自春及夏，雨泽不降，人民饥窘，朕甚恻焉。夫上天降灾，厥有攸自。其政事之有关欤？刑罚之失中欤？征敛之频繁欤？抚字之不得人欤？永念其咎，内疚于心。思为感通之道，必广宽恤之仁庶，天鉴之，旋灾为福。所有各行事宜逐一条列，故兹昭示，咸闻知……”明宣宗对自己行为的“自省”，说明天灾与人祸的关系非常密切：没有人君的失德，天神就不会降灾谴责人君。造成“人民饥窘”的真正原因仍然是人君的政事处理不当；刑罚的判决失当；征敛过于频繁；抚恤民众不及时等。当统治者这样“自省”的同时，会真正“永念其咎，内疚于心。”

虽然是畏惧天威才进行反省，但结果是将实施“宽恤之仁”的政策。因此，虽然面对自然灾害祈求上天的保佑，并不能对广大百姓提供社会保障的待遇，但是统治者的“自省”，却是天神影响人类行为的动力，正如《康济录》所说："至治馨香，何事于祷？不知旱涝无常，非神莫佑，祷亦不可少也。况当万民窘迫四境彷徨之际哉！使弗夙夜祗肃，以上格天心，不但不能救将来之饥馑，且不能慰怅望之民情矣。此《周礼》小祝必有掌祭祀者在也。为人君者，因祈祷而念民艰，释冤狱，广平粜，或格神于梦寐，或得雨于躬祈，怀保之仁，不于此而见欤？"当然，笔者并不认为"灾异天谴论""阴阳灾异说"等天命主义的禳弭理论本身。

对当代社会管理者完善社会保障制度的主动性能起决定性作用，现代社会科技的发达也早已揭开自然界造成的灾害原因。但是，我们必须认识到：人为破坏大自然环境的行为必将给人类带来灾难，也必然使得人类需要为建立更完善的社会保障制度、为社会成员提供更多的物质保障而浪费我们日渐稀缺的资源。我们的政府更应该"自省"自己的行为，虽然我们不再需要祈求天神保佑，而是要在为社会成员提供尽可能完善的社会保障制度的同时，尽可能实施保护自然环境的政策，争取把人为造成的损害降到最低程度。

二、基于"畏民保位"为出发点的惠民式社会保障思想

统治者为了政权的稳固，往往对被统治者采取更"仁慈"的政策。我国儒家学派创始人孔子提出"仁者爱人"的理论，对统治者的统治理念起到了直接的指导作用。他对"仁爱"的思想所做的解释中，一贯肯定人的主导地位，以人为本，主张统治者要教化国民，使每个人都具有"仁爱"精神，国家就

能够达到和谐安定。

《礼记·礼运》当中记述了孔子所推崇的理想社会[①]：“孔子曰：‘大道之行也，与三代之英，丘未之逮也，而有志焉。大道之行也，天下为公，选贤与能，讲信修睦。故人不独亲其亲，不独子其子，使老有所终，壮有所用，幼有所长，矜、寡孤废疾者，皆有所养。男有分，女有归。货恶其弃于地也，不必藏于己；力恶其不出于身也，不必为己。是故谋闭而不兴，盗窃乱贼而不作，故外户而不闭，是谓大同。”他对当时诸侯间的纷争给社会造成的混乱局面及百姓生活的困苦表示了极大不满，“今大道既隐，天下为家，各亲其亲，各子其子，货力为己，大人世及以为礼”孔子虽然不能阻止人类从以生产资料为公有制的原始共产主义社会向以私有制为基础的奴隶制社会过渡，但他宣传的“老有所终，壮有所用，幼有所长，矜寡孤独废疾者，皆有所养。”是人们追求的理想状态。

他虽然并没有官居高位很长时间，但他在与学生们畅谈时明确了自己的志向即“老者安之，朋友信之，少者怀之”。如果统治者都能够使老人和孩子得到保护和妥善的安置，百姓的生活将更有保障。社会作为儒家学派的重要传人，孟子进一步将“仁爱”发展成为“仁政”，即国君要本着“仁爱”之心治国。

孟子说：“尧舜之道，不以仁政，不能平治天下”实行“仁政”，要求统治者怀有“老吾老，以及人之老；幼吾幼，以及人之幼”之心治国。孟子分析夏、商、周三代统治者政权交

①节选自《礼记·礼运》。

替的教训，得出这样的结论:①“三代之得天下也以仁其失天下也以不仁。国之所以废兴存亡者亦然。天子不仁，不保四海；诸侯不仁，不保社稷；卿大夫不仁，不保宗庙；士庶人不仁，不保四体。”因此，实施“仁政”者，“天下可运于掌。”否则，即使得到，也会因失去民心而很快失去天下。孟子严厉斥责那些“庖有肥肉，厩有肥马”而使“民有饥色，野有饿莩”的统治者，强调君主必须注重对百姓的救助，“狗彘食人食而不知检，涂有饿莩而不知发，人死，则曰:‘非我也，岁也。’是何异于刺人而杀之，曰:‘非我也，兵也’。”对于百姓的困苦不理不睬，就无异于直接杀死百姓。进而，他从君主必须重视民之疾苦的角度，提出了其著名的“民为贵，社稷次之，君为轻”的理论。任何一个统治者必须牢记：之所以某个人成为“君”，是因为“社稷”需要君主；而“社稷”之所以能够存在，是因为有“民”。

当诸侯失去民心的时候，天下“变置”的是“诸侯”，而不是“民”。虽然国君以虔诚的心和丰盛的祭品祈求天神保佑，但当水旱相仍，国政处置不当时，“变置”的是“社稷”(朝代的更替，如商朝替代夏朝，周朝替代商朝)，而不是“民”。这就是“民贵”的关键所在，“是故得乎丘民而为天子。”也正是由于孟子深谙民贵的道理，才不断反复论述君主为民提供社会保障待遇的重要性。

《国语·楚语下》记述楚国灭亡的原因:“今子常，先大夫之后也，而相楚君无令名于四方，民之羸馁，日已甚矣。四

①节选自《孟子·离娄上》。

境盈垒，道殣相望，盗贼司目，民无所放。是之不恤，而蓄聚不厌，其速怨于民多矣。积货滋多，蓄怨滋厚，不亡何待?”由此来看，春秋战国时期，“用国者，得百姓之力者富，得百姓之死者强，得百姓之誉者荣。三得者具而天下归之，三得者亡而天下去之。天下归之之谓王，天下去之之谓亡。汤、武者，循其道，行其义，兴天下同利，除天下同害，天下归之。”

“故厚德音以先之，明礼义以道之，致忠信以爱之，赏贤使能以次之，爵服赏庆以申重之，时其事，轻其任，以调齐之，潢然兼覆之，养长之，如保赤子。生民则致宽，使民则綦理，辩政令制度，所以接天下之人百姓，有非理者如豪末，则虽孤独鳏寡，必不加焉。是故百姓贵之如帝，亲之如父母，为之出死断亡而不愉者，无它故焉，道德诚明，利泽诚厚也。”君主施“仁政”，就是要“兴天下同利，除天下同害”，结果也必然是“天下归之”。而如果统治者“有悖逆诈伪之心，有淫泆作乱之事”，造成社会“强者胁弱，众者暴寡，知者诈愚，勇者苦怯，疾病不养，老幼孤独不得其所”，无疑是“此大乱之道也。”国将不国，君也将难以为君。

《尸子·绰子》列举先贤实施仁政，施惠黎民百姓的范例：“尧养无告，禹爱辜人，汤武及禽兽，此先王之所以安危而怀远也。圣人于大私之中也为无私，其于大好恶之中也为无好恶。舜曰：‘南风之熏兮，可以解吾民之愠兮。’舜不歌禽兽而歌民。汤曰：‘朕身有罪，无及万方；万方有罪，朕身受之。’汤不私其身而私万方。文王曰：‘苟有仁人，何必周亲。’文王不私其亲而私万国。先王非无私也，所私者与人不同也。”《墨子》在阐述兼爱思想时，提出了更大胆的设想：让百姓选择君主。墨子先描述了两个人的言行，让人们做选择：假设有两个士人，使其一士者执别，使其一士者执兼。别士之言若此，行若此。兼士之言不然，行亦不然。曰：‘吾闻为高士于天下者，必为其友之身，若为其身，为其友之亲，若为其亲，然后可以为高士天下。

然即敢问：不识将恶也家室，奉承亲戚，提挈妻子而寄托之，不识于兼之有是乎？于别之有是乎？我以为当其于此也，天下无愚夫愚妇，虽非兼之人，必寄托之于兼之有是也。此言而非兼，择即取兼，即此言行拂也。不识天下之士，所以皆闻兼而非之者，其故何也？

然而天下之士，非兼者之言，犹未止也，曰："意可以择士，而不可以择君乎？"姑尝两而进之。谁以为二君，使其一君者执兼，使其一君者执别。是故别君之言曰："吾恶能为吾万民之身，若为吾身？此泰非天下之情也。人之生乎地上之无几何也，譬之犹驷驰而过隙也。"是故退睹其万民，饥即不食，寒即不衣，疾病不侍养，死丧不葬埋。别君之言若此，行若此。兼君之言不然，行亦不然，曰："吾闻为明君于天下者，必先万民之身，后为其身，然后可以为明君于天下’。"是故退睹其万民，饥即食之，寒即衣之，疾病侍养之，死丧葬埋之。兼君之言若此，行若此。然即交若之二君者，言相非而行相反与？常使若二君者，言必信，行必果，使言行之合，犹合符节也，无言而不行也。然即敢问：今岁有疠疫，万民多有勤苦冻馁，转死沟壑中者，既已众矣。不识将择之二君者，将何从也？我以为当其于此也，天下无愚夫愚妇，虽非兼者，必从兼君是也。言而非兼，择即取兼，此言行拂也。不识天下所以皆闻兼而非之者，其故何也。

《墨子》的例子非常明确地告诉世人，“兼士”是可以信任和托付之人。但是，他并没有停止，他的用意在于进一步地探讨无论古今，天下都没有“愚夫愚妇”，如果人民可以选择，他们必定用“心”选择可以“饥即食之，寒即衣之，疾病侍养之，死丧葬埋之”的“兼君”。也正因为如此，君主只有成为“兼君”，做到对待百姓“饥即食之，寒即衣之，疾病侍养之，死丧葬埋之”，才能得到百姓的信任，保有政权。

君主必须施以“仁政”才能得民心、得天下的思想，不仅存在于先秦时期，后代君主和有识之士也在不断探讨。比如，唐文宗太和二年(公元828年)，刘蕡在参加策试时，申禀社稷、君和民的关系：“臣闻国君之所以尊者，重其社稷也；社稷之所以重者，存其百姓也。苟百姓不存，则虽社稷不得固其重；社稷不重，则人君不得保其尊。故治天下者，不可不知百姓之情。夫百姓者，陛下之赤子，陛下宜令慈仁者视育之，如保傅焉，如乳哺焉，如师之教导焉。”君主如果能够对百姓“亲育之，如保傅焉，如乳哺焉，如师之教导焉”，君主得到天下，百姓又何乐而不为呢？而如果“海内困穷，处处流散，饥者不得食，寒者不得衣，鳏寡孤独不得存，老幼疾病不得养”，又“即不幸因之以病疠，继之以凶荒，陈胜、吴广不独起于秦，赤眉、黄巾不独生于汉”，后果将不堪设想。

第三节　社会保障政策和制度

《墨子·非乐上》指出：“民有三患，饥者不得食，寒者不得衣，劳者不得息，三者民之巨患也。”如果说在正常年景下，百姓虽然贫困，多数还勉强可以维持生存，但如果遇到天灾人祸，则往往妻离子散、家破人亡。古人也早已认识到天灾人祸的发生绝不以人的意志为转移，尤其“天灾流行，何代无之”，人们能够做的只能是“尽人事补天工之不足”。所以，历代大多数统治者制定社会保障政策和制度以应对可能遇到的天灾人祸，使百姓得到尽可能多的保障。其中《周礼》和《管子》是我国早期的、阐述社会保障政策和制度最为详细的著作。

一、《周礼》中阐述的社会保障政策和制度

《周礼》原名《周官》。《周礼》所记，是一宏大而又详密的职官体系。但全书并无一字提及它是何朝何代的典制。关于该书的作者及成书年代，目前一般有以下几种说法：周公手作；作于西周；作于春秋；作于战国；作于周秦之际；作于汉初；刘歆伪造等。不过，即便成书在西汉末，距今也已两千年之久，足以称得上是古老的国家制度范本。还有人指出该书只是一个理想化的制度，不是史实。然而，仅就其思想史的意义上说，它也值得我们倾力研究，更何况它对后世的国家机构建设确实产生了巨大影响呢！

《周礼》中的“地官司徒”相当于今世政府行政管理部门，主要负责管理教化百姓的事务，协调国家和百姓的关系。其中“大司徒”的重要职能之一是“以荒政十有二聚万民：一曰散利，二曰薄征，三曰缓刑，四曰弛力，五曰舍禁，六曰去几，七曰眚礼，八曰杀哀，九曰蕃乐，十曰多昏，十有一曰索鬼神，十有二曰除盗贼”。

《周礼·地官·大司徒》贾公彦疏云:“则有年谷不熟之时,恐民离散,故以救荒之政十有二条以聚万民,使不离散。一曰散利者,谓丰时聚之,荒时散之,积而能散,使民利益,故云一曰散利。二曰薄征者,薄,轻也,征税也谓轻其税。三曰缓刑者,谓凶年犯刑缓纵之。四曰驰力者,弛放其力役之事。五曰舍禁者,山泽所遮禁者,舍去其禁,使民取蔬食。六曰去几者,几谓呵禁,谓关市去税而几之。七曰眚礼者,谓吉礼之中眚其礼数。八曰杀哀者,谓凶礼之中杀其礼数。九曰蕃乐者,蕃谓闭,藏乐器而不作。十曰多昏者,谓凶荒杀礼昏者多。十有一曰索鬼神者,谓凶年祷祈,搜索鬼神而祷祈之。十有二曰除盗贼者,凶年盗贼多,急其刑以除之。”

“大司徒”的另一重要职能是①“以保息六养万民。一曰慈幼,二曰养老,三曰振穷,四曰恤贫,五曰宽疾,六曰安富”。郑玄注云:“保息,谓安之使蕃息也。”意即使百姓在六个方面感到有保障是国家的重要职能。它为后世国家“养万民”政策制度的制定提供了依据。

“大司徒”与社会保障相关的职责还有:“以乡三物教万民而宾兴之。二曰六行,教、友、睦、姻、任、恤”。“以乡八刑纠万民:一曰不孝之刑,二曰不睦之刑,三曰不姻之刑,四曰不弟之刑,五曰不任之刑,六曰不恤之刑,七曰造言之刑,八曰乱民之刑”。这里是对万民的教育与刑罚并重,倡导与禁止的行为中都有“恤”。贾公彦说:“恤,振忧贫者。”即国家倡导百姓赈济贫穷之人,禁止百姓对贫穷者不予救助的行为。

①节选自《周礼》。

而民间的赈济又是社会保障的重要补充力量。

“大荒，大札，则令邦国移民，通财，舍禁，弛力，薄征，缓刑。”这也是国家的一项重要政策。在国家发生大的自然灾害和瘟疫时，组织或者允许百姓到粮食比较富裕的地方避荒，并采取各种措施，加速商品流通（尤其是粮食的贩卖）速度；开放关卡，取消关税；减免徭役；减免赋税；减免刑罚。

古代国家的各种征调都要按照百姓的家庭人口状况确定标准，对贵族、老人、孩子和残疾人给予减免照顾。“小司徒”的部分职能是“掌建邦之教法，以稽国中及四郊都鄙之夫家，九比之数，以辨其贵贱、老幼、废疾。凡征役之施舍，与其祭祀、饮食、丧纪之禁令。乃颁比法于六乡之大夫，使各登其乡之众寡、六畜车辇，辨其物，以岁时入其数，以施政教，行徵令。及三年则大比，大比则受邦国之比要。乃会万民之卒伍而用之。五人为伍，五伍为两，四两为卒，五卒为旅，五旅为师，五师为军。以起军旅，以作田役，以比追胥，以令贡赋。乃均土地，以稽其人民，而周知其数。”其中有些职掌相当于现代政府中的民政部门。另外，在地方也有相应管理部门，负责本地方家庭、财产、人口状况的检查和登记工作，以确定被救助人群。如“乡师之职，各掌其所治乡之教，而听其治。以国比之法，以时稽其夫家众寡，辨其老幼贵贱废疾。马牛之物，辨其可任者，与其施舍者。掌其戒令纠禁，听其狱讼。”只有了解百姓的家庭状况，才能够对生活困难的百姓“以王命施惠”。“乡大夫之职，各掌其乡之政教禁令。以岁时登其夫家之众寡，辨其可任者。国中自七尺以及六十，野自六尺以及六十有五，皆征之。其舍者，国中贵者、贤者、能者、服公事者、老者、疾者皆舍，以岁时入其书”。老者和残疾者可以享受免役的优惠待遇。“闾胥各掌其间之徵令，以岁时各数其间之众寡，辨其施舍。凡春秋之祭祀、役政、丧纪之数，聚众点。既比则读法，书其敬敏任恤者。”

除此之外，与社会保障有关的政策和制度还有：

(一)“遗人掌邦之委积，以待施惠。乡里之委积，以恤民之艰厄；门关之委积，以养老孤；郊里之委积，以待宾客；野鄙之委积，以待羁旅；县都之委积，以待凶荒。凡宾客会同师役，掌其道路之委积。凡国野之道，十里有庐，庐有饮食。三十里有宿，宿有路室，路室有委。五十里有市，市有候馆，候馆有积。凡委积之事，巡而比之，以时颁之。”古代社会经济生活中的商品化和货币化程度较低，救助主要以实物形式为主，社会保障所需物品的储积是政府的重要工作。只有这种从中央到地方的各级物品储备制度，才能够保证及时、便利、高效地救助贫困百姓。

(二)“司救掌万民之邪恶过失，而诛让之，以礼防禁而救之。凡岁时有天患民病，则以节巡国中及郊野，而以王命施惠。”即：当有天灾人祸，会有特定的使臣巡视，以国家的名义进行救助。

(三)“司市掌市之治教政刑，量度禁令。国凶荒札丧，则市无征而作布。”即国家发生自然灾害和瘟疫时，国家可以免征关税和发行大面额货币，促进商品流通。

(四)“司门掌授管键，以启闭国门。几出入不物者，正其货贿。凡财物犯禁者举之，以其财养死政之老与其孤。”对于走私物品，司门给予罚没，并以此昨晚赡养费用给国家牺牲烈士的父母和抚育其子女。

(五)遂师和遂大夫是与乡师、乡大夫相对应，负责城镇百姓家庭财产、人口状况的检查和登记的地方机构官员，以此作为确定城镇老人和残疾人赋役的减免待遇。

（六）“廪人掌九谷之数，以待国之匪颁，赒赐稍食。以岁之上下数邦用，以知足否，以诏谷用，以治年之凶丰。凡万民之食食者，人四鬴，上也；人三鬴，中也；人二鬴，下也。若食不能人二鬴，则令邦移民就谷，诏王杀邦用。”廪人是国库（主要是粮库）的管理者，根据国家收获的粮食数量（每年人均口粮数量），确定是否需要组织百姓迁徙到其他地方“就食”。在古代，农业商品率极低，粮食又是社会保障的最主要物资，对粮食储藏量进行精确的考察，非常重要。另外“仓人”也是“掌粟人之藏，辨九谷之物，以待邦用”的官员，“若谷不足，则止馀法用；有余则藏之，以待凶而颁之”。

（七）“司稼掌巡邦野之稼，而辨穜稑之种，周知其名，与其所宜地。以为法而县于邑闾，巡野观稼，以年之上下出敛法。掌均万民之食，而赒其急而平其兴。”司稼的职能之一是按照年景的好坏籴粜粮食，平抑粮价，保证灾民的食粮。

（八）“槁人掌共外内朝冗食者之食。若飨耆老，孤子，士庶子，共其食。”槁人的职能之一是负责提供为国家捐躯的烈士父母和子女的抚恤待遇。

总之，《周礼》是一部古代国家机构建设理论的著作。在国家职能部门的构建中展示了古代思想家对社会保障制度的设计，值得我们深入探讨和研究。

二、《管子》设计的社会保障体系

管仲（？—公元前645年）是春秋初期著名的政治家、思想家，被后人尊为管子。《管子》一书，是传述管仲思想的重要文献。根据近人研究，《管子》是战国齐稷下学者的假托之作，有些内容还是西汉学者所附益。虽然不尽出自管子之手，但它仍比较全面地反映了管子及其学派的政治、经济思想和治国理念。其中也有社会保障方面的内容。

如《幼官》及《幼官图》篇中，都以“养孤老，食常疾，收孤寡”作为国家政治宣传和政治实践的基本原则；《五辅》篇中也阐述了社会保障和国家安定的关系：“养长老，慈幼孤，恤鳏寡，问疾病，吊祸丧，此谓匡其急。衣冻寒，食饥渴，匡贫窭，振罢露，资乏绝，此谓振其穷。”“故曰：……修饥馑，救灾害，振罢露，则国家定。”国家只有对百姓“匡其急”和“振其穷”，国家才能够获得安定的局面。《小问》篇也阐述了具体的社会救济措施：“飘风暴雨为民害，涸旱为民患，年谷不熟，岁饥，粜贷贵，民疾疫，当此时也，民贫且罢，牧民者发仓廪山林薮泽以共其财”。《揆度》篇中阐述了国家的抚恤政策：“管子曰：匹夫为‘鳏’，匹妇为‘寡’，老而无子为‘独’。君问其若有子弟师役而死者，父母不‘独’，上必葬之，衣衾三领，木必三寸，乡吏视事，葬于公壤。若产而无弟兄，上必赐之匹马之壤，故亲之杀其子以为上用，不苦也。……此皆国策之数。”

《轻重己》篇也有相似的国家救济贫困人群的政策，并且强调对各级官吏救济百姓业绩的考核：“民生而无父母，谓之‘孤子’；无妻无子，谓之‘老鳏’；无夫无子，谓之‘老寡’；此三人者，皆就官而众，可事者不可事者，食如言而勿遗。多者为功，寡者为罪，是以路无行乞者也。路有行乞者，则相之罪也。天子之春令也。”官吏必须按照天子的命令，对于鳏、寡和孤儿实施全面地救助，务必做到路无乞丐。救助的人多，将给予官吏奖励；救助的人少，将对负有责任的官吏治罪。而《入国》是集中全面阐述管仲社会保障思想的专门篇章。其记述了管仲到齐国辅佐齐桓公治理国政，在初到齐国的四十天内，五次督促官府在九个方面实施社会保障措施的事情，也详细阐述了九项社会保障体系的内容。《入国》认为，国家必须对九种社会成员实施“保障”：

(一) 老老。“所谓老老者，凡国、都皆有掌老，年七十以上，一子无征，三月有馈肉；八十以上，二子无征，月有馈肉；九十以上，尽家无征，日有酒肉。死，上共棺椁。劝子弟：精膳食，问所欲，求所嗜。”古代称“人活七十古来稀”，七十岁成为老年的标准。

我们现在多数人的观点：中国有传统的养老美德，几千年来，养老主要以血缘关系为纽带的家庭赡养老人为主，似乎政府并没有参与其中。事实上，在春秋时期的齐国，国家就在国(国家——中央政府)、都(大城市——地方政府)设置了负责掌管养老的机构，专门负责养老事宜。对家有七十岁老人的家庭，免除一个儿子的赋役负担，官府每年发给三个月的肉食；如果有八十岁的老人，免除两个儿子的赋役负担，官府按月发给肉食；如果家有九十岁的老人，免除全家人的赋役负担，官府每天供应酒肉。老人去世，由国家供给棺材之费。掌管养老的机构，还负责劝导老人的子孙，既要为老年人提供精细的膳食，还要实施精神安慰——经常询问老人的愿望和嗜好。

当然，“问”和“求”的结果，就不只是问和求，应该是尽量满足老人的愿望和嗜好。在这里，我们不难看出，古代

“养老”的模式是国家(成立专门管理机构)与家庭相结合;“养老”的内容包括物质(食物)与精神(愿望和嗜好);“养老”费用以家庭为主(儿子是赡养老人的主体),国家提供一定补贴(肉食和丧葬费)和给予家庭一定的赋役免除待遇。从我们现代人的角度观察,这种“养老”模式应该是最讲究“以人为本”,适合当时经济发展水平,并且是国家财政能力能够承受得起的模式。

(二)慈幼。“所谓慈幼者,凡国、都皆有掌幼,士民有子,子有幼弱不胜养为累者,有三幼者无妇征,四幼者尽家无征,五幼又予之葆,受二人之食,能事而后止。”“慈幼”是人类的共识,每个家庭都有照顾自己幼子的责任,如果国家介入,就成为社会保障的重要举措。为了“慈幼”国家也在国、都设置了专门负责“掌幼”的机构,对“士民”幼子多而无力扶养的家庭,给予社会保障待遇,内容包括:如果有三个小孩,母亲免除赋役;如果有四个小孩,全家免除赋役;如果有五个小孩,国家为其配备一个保姆,并提供两个人的口粮,直到小孩能够生活自理为止。我国目前实施计划生育的国策,不可能对一个家庭拥有五个孩子实施奖励。但是,生育和扶养孩子不仅仅是家庭事务,还关系到一个民族的强盛与衰弱,关系到人类的生存。人类应该更加关注自身的生产,尤其是人类自身素质的提高。人的身体和精神素质很大程度上取决于人的培养环境,社会应该给予足够的重视。

(三)恤孤。“所谓恤孤者,凡国、都皆有掌孤。士人死,子孤幼,无父母所养,不能自生者,属之其乡党、知识、故人。养一孤者一子无征,养二孤者二子无征,养三孤者尽家无征。掌孤数行问之,必知其食饮饥寒、身之膌胜,而哀怜之。”“恤孤”可以看作是“慈幼”的特例。国家在国、都也专门设立负责管理孤儿的机构，对“士人”去世，无父母养育的幼子，托付给其父母的同乡、朋友、熟人或者故交。

国家对扶养一名孤儿的家庭免除一个人的赋役；扶养两个孤儿的家庭免除两个人的赋役；扶养三个孤儿的家庭免除全家赋役。“掌孤”在托付孤儿后，还要经常询问孤儿的生活状况，衣食是否充足？身体是否健康？抚慰孤儿。在孤儿的救助方面，采取的是国家管理、提供优惠待遇与民间扶养相结合的方式，既保证孤儿成长的物质需要——衣食；又兼顾孤儿的感情需要——经常问候和安慰。特别值得称道的是，官府对孤儿的管理，不是“一托了事”，而是追踪监督管理，促使受托的家庭对孤儿负责，真正做到“恤孤”。

(四)养疾。“所谓养疾者，凡国、都皆有掌养疾，聋、盲、喑、哑、跛辟、偏枯、握递，不耐自生者，上收而养之疾官，而衣食之，殊身而后止。”国家在国和都专门设置收养照顾残疾人的机构掌“养疾”，对聋、盲、哑、瘸腿、半身不遂及双上肢残废(两手相拱不能伸开)，生活不能自理的人，官府集中收养在“疾馆”，供给食物和衣服，直到死亡为止。采取集中收养的办法对残疾人进行救助，需要比较健全的管理机构和较大的财力保障，我们今天也难以做到。

(五)合独。“所谓合独者，凡国、都皆有掌媒，丈夫无妻日鳏，妇人无夫日寡，取鳏寡而合和之，予田宅而家室之，三年然后事之。”现代的社会保障体系中，没有“合独”，我们完全将此看成是私人问题。宋朝之后，寡妇再嫁也会遭人非议。但是，奴隶社会末期，封建社会初期，国家却在国、都专门设置机构，将丧妻的鳏夫和丧夫的寡妇合为一家，给予土地和房屋，使他们能够从事男耕女织的劳动，三年之后开始承担国家赋役。“合独”是当时社会发展的需要：其一，在古代社会，地旷人稀，增加人口是非常重要的“国事”；其二，在劳动生产率低下的情况下，独身可能沦为赤贫。因此，“合独”是既利国，又利民的社会救助措施。

（六）问病。“所谓问病者，凡国、都皆有掌病，士民有病者，掌病以上令问之。九十以上，日一问；八十以上，二日一问；七十以上，三日一问；众庶五日一问。疾甚者，以告上，身问之。掌病行于国中，以问病为事。”国家在国、都专门设置“掌病”的机构，士民有病，“掌病”遵从君王的政令慰问他们。对年龄在九十岁以上的老人，每天慰问一次；八十岁以上的老人，每两天慰问一次；七十岁以上的老人，每三天慰问一次；其他年龄的病人，每五天慰问一次。对病重者，报告君主，君主将亲自慰问病人。“掌病”的职责就是在全国范围内巡视，慰问所有的病人。慰问病人是“掌病”代表君主关心病人，是君主关心、爱护臣民的一种表现。“问”是否包括治病、送药，这里没有明说，但《周礼·天官冢宰》已有“疾医掌万民之疾病”之语，问病应该还包括治病。

（七）通穷。“所谓通穷者，凡国、都皆有掌穷，若有穷夫妇无居处，穷宾客绝粮食，居其乡党以闻者有赏，不以闻者有罚。”国家在国和都专门设置“掌穷”的机构，负责对因贫穷而无家可归的夫妇和客在他乡断炊者进行救济。对于了解情况而报告国家的乡邻要给予奖励；对了解情况不报告者给予处罚。

（八）振困。“所谓振困者，岁凶庸，人訾厉，多死丧；弛刑罚，赦有罪，散仓粟以食之。”振困是在凶荒之年，替别人帮佣的人易患疾病、死亡；国家要（体恤民情）宽缓刑期，减轻处罚，赦免有罪之人，把国库的粮食散发给他们，使之有饭吃。在荒年，百姓无以为生，国家一方面要救济他们，保障他们的最基本生存条件；另一方面对为求生存沦为盗寇的罪人，要尽量体谅其苦衷，从轻量刑。这也是国家安定社会秩序的重要措施。

(九) 接绝。“所谓接绝者，士民死上事、死战事，使其知识、故人受资于上而祠之。”对于为国家（君主）的事业而死，或者为国家参加战争捐躯的士民，国家提供钱财，使他的生前好友、旧交能够负责为他立祠，经常祭拜。这里没有明确指出，如果烈士的亲人尚健在，他们的立祠和祭拜之费是否也由国家承担。我国现在对于所有烈士的直系亲属都给予抚恤，应该是对这一传统的继承和发扬。

可以说，《人国》对社会保障政策和制度的设计和阐述已相当完备。

第二章

中国各项社会保障制度

第一节　灾害救济制度

中国地处东亚大陆，属北温带季风气候，自古以来，灾害多发。从历史上看，小灾几乎年年有，造成严重破坏的重大自然灾害也经常发生。作为一个以农为本、疆域辽阔的大帝国，要保持社会的稳定，就不能不重视自然灾害，尤其是重大灾害对农业生产的破坏和对国计民生的危害。当重大自然灾害发生时，一家一户的小农是根本无法抵御的，国家如不采取必要的社会性保障措施，就可能造成赤地千里，饿殍遍野的惨剧，甚至激起人民的强烈反抗，使整个王朝倾覆，这在中国历史上是屡见不鲜的。

一、自然灾害

“流民者，饥民也。”古代有不少人把流民与饥民等量齐观，不难想象两者的关系是何等密切。尽管在概念上说，我们不能把流民与饥民画等号，因为饥民还不算是流民，“只有当饥民踏上流离之途时，才是真真切切的流民。流民也不完全是饥民，饥民只是波涛滚滚的流民潮流的一个支流”。但是，从中国历史上看，饥民转化为流民的概率相当高，有“灾”必“荒”，有“荒”必“流”，由饥荒造成的流民是流民队伍的主体。因此，把流民、饥民看作“彼此彼此”，谁都能理解。

饥民是饥荒蹂躏下的农民，而饥荒是自然灾害造成的恶果。自然灾害是不以人的意志为转移的，具有一定的客观必然性。从这一点来说，流民的出现具有不可避免性。实际上，情况并非如此。灾会不会变成荒，荒会不会引发流民潮，这要看灾害的严重程度和政府救荒的力度大小。中国是一个灾荒频仍的国度，在历史上也不乏成功救荒的事例，但十之八九，是有“灾”必“荒”。灾荒的结果是摧毁社会生产力，人民流离失所，抗灾能力下降，而这又会使灾害愈加频繁，如此形成恶性循环。黄泽苍在《中国天灾问题》一书中说：“西人喻中国之内战为‘秋操’，以其循环不息也。某君则以天灾流行，譬为中国之‘例行故事’。”一语“例行故事”，昭示出灾荒“莅临”之常。让我们来粗略浏览一下中国古代灾荒的统计。如西周东周历时867年，见于史书的较大自然灾害有89次。其中旱灾30次，水灾16次，蝗虫灾13次，地震9次，歉饥8次，霜雪灾7次，雹灾5次，疫灾1次。平均9.7年受灾1次。秦汉两代历时440年，较大的自然灾害有375次。其中旱灾81次，水灾76次，地震68次，蝗灾50次，雨雹灾35次，风灾29次，霜雪灾9次，歉饥14次，疫灾13次。平均1.1年受灾1次。

三国两晋历时约200年，较大的自然灾害有306次。其中旱灾60次，水灾56次，风灾54次，地震53次，雨雹灾35次，疫灾17次，蝗灾14次，歉饥13次，地沸2次，霜雪灾2次。平均每年受灾1.5次。南北朝在169年中，较大的自然灾害有315次。其中旱灾77次，水灾77次，地震40次，霜雪灾20次，雨雹灾18次，风灾33次，蝗灾17次，疫灾17次，歉饥16次。平均每年受灾1.9次。

隋唐在318年中，较大的自然灾害有515次。其中旱灾

134次，水灾120次，风灾65次，地震55次，雹灾37次，蝗灾35次，霜雪灾27次，歉饥25次，疫灾17次。平均每年受灾1.6次。

五代十国在54年中，较大的自然灾害有51次。其中旱灾26次，水灾11次，蝗灾6次，风灾2次，地震3次，雨雹灾3次。平均每年受灾1次。

北宋南宋在487年中，较大的自然灾害有874次。其中水灾193次，旱灾183次，雨雹灾101次，风灾93次，蝗灾90次，歉饥87次，地震77次，霜雪灾18次，疫灾32次。平均每年受灾1.8次。

元100余年中，较大的自然灾害有533次。其中水灾92次，旱灾86次，蝗灾61次，雹灾69次，风灾42次，疫灾20次，地震56次，霜雪灾28次，歉饥79次。平均每年受灾5.3次。明276年中，较大的自然灾害有1011次。其中水灾196次，旱灾174次，地震165次，雹灾112次，风灾97次，蝗灾94次，饥93次，饥疫疫灾64次，霜雪灾16次。平均每年受灾3.9次。清296年中，较大的自然灾害有1121次。其中旱灾201次，水灾192次，地震169次，雹灾131次，风灾97次，蝗灾93次，饥90次，疫灾74次，霜雪灾74次。平均每年受灾3. 8次。

上述数字仅是邓云特先生根据有关史书做的一个并不全面的统计。但我们从中已经可以看出其惊人的罹灾率。无外乎鲍宣要将“水旱之灾”列为七亡之首。灾荒的肆虐，直接造成惨重的生命财产损失，而且导致流民潮的涌起，“大灾大潮，小灾小潮，以致流民潮的潮起潮落，与灾害的消长成正比”。这里，我们不妨选择几个主要的灾种，进行一番浮光掠影的

“扫描”。

暴雨造成的水灾。阴雨连绵，必然导致山洪暴发，发生洪涝灾害。如汉武帝元四年(前119年)山东大水，受灾二三千里，流民布满江淮地区。这一时期，关东流民达200万口，与此有着密切关系。成帝建始三年(前30年)夏，发生大水，“三辅霖雨三十余日，郡国十九雨，山谷水出，凡杀四千余人，坏官民庐舍八万三千余所”。后者是指河水的泛滥，当然，这大多也与暴雨有关。河流一旦泛滥，洪水滔滔，一泻千里，无数人将葬身鱼腹，侥幸逃脱者，面对一片汪洋的大地，只好远走他乡。如东汉永兴元年(153年)，①“郡国三十二，蝗，河水溢，百姓饥穷，流冗道路，至有数十万户”。

元朝元统元年(1333年)京畿大雨，饥民达40余万，二年(1334年)江浙被灾，饥民多至59万；至元三年(1337年)江浙又灾，饥民40余万；至正四年(1344年)黄河连决3次，饥民遍野。在中国人的记忆中，水灾投下了太多太浓的阴影。“华夏水患，黄河为大”。综观黄河灾害记载可见，黄河下游是我国历来洪灾严重之地。由于自然的原因和人为的破坏，黄河下游河道从上古以来，一直游移不定。历史上关于黄河改道的最早记载，是在东周定王五年，当时黄河在荥泽北岸冲开一条新道，折向东北而去，在今天津附近的海河河道出海。据说这里本是大禹治水时黄河的出海，所以《水经注》卷五说：“河涉故渎。”到新莽始建国三年(公元11年)，黄河又一次大改道，由现在山东的东营入海注人渤海。在这之后，

①节选自《后汉书·本纪·孝桓帝纪》。

黄河河道多次南北摆动。

在唐代以前，黄河是由山东丘陵的北边流入渤海。隋代大运河的修通，一方面沟通了南北水道，另一方面为黄河的改道提供了新的出路。北宋神宗熙宁时 (1068 ~ 1077 年)，黄河的股水流沿着运河与泗水汇合，注入淮河。于是，黄河有了两个出海口：一个在北方，合济水流入渤海；一条在南方，合淮河流入东海。

南宋初年，杜充继宗泽为东京留守，毫无防守之术，却下令决开黄河河堤，以阻挡金兵。结果金兵没挡住，倒害得黄河南岸百姓流离失所。黄河从此浩浩荡荡由泗水入淮。到金世宗大定二十年 (1180 年)，黄河完成了它的又一次改道，经过徐州、淮阴，在今江苏省北部夺淮河下游河道，这是有史以来黄河最偏南的河道。此后，经过元代、明代和清代前期，黄河均由淮河下游流入东海。

到 1885 年，黄河在兰阳铜瓦厢决口，才又回到山东北部流入渤海。改道意味着巨大水灾的发生，庐舍毁坏，人畜伤亡，迫使大批人口沦为流民。决溢造成的灾害程度也不小。三国两晋南北朝 400 年间，黄河只决溢了几次。

五代十国时期，包括人为灾害在内，黄河决溢平均 3 年就有一次。北宋时期，黄河灾害进一步严重，决溢更为频繁，平均两年多就有一次。不少灾年，受灾面积广，灾害程度深。特别是河南、山东是黄河水患的重灾区。

元代至正四年 (1344 年)，黄河发生了历史上著名的白茅决口。《元史·河渠志》说:①“夏五月，大雨二十余日，黄河暴溢，水平地深二丈许，北决白茅堤。六月，又北决金堤。并河郡邑济宁、单州、虞城、砀山、金乡、鱼台、丰、沛、定陶、楚丘、武城，以至曹州、东明、钜野、郓城、嘉祥、汶上、任城等处皆罹水患，民老弱昏垫，壮者流离四方。水势北侵安山，沿入会通、运河，延袤济南、河间，将坏两漕司盐场，妨国计甚重。”这次决溢泛滥，历时7年未加堵复。《河渠纪闻》说：“涨水更迭交浸，荡析天时，民穷于转徙，官穷于智计。”这是一幅多么凄惨的历史景象！长江流域的洪水，每每都因暴雨所致。流域性水灾，其主要洪水源，一是来自四川盆地，二是来自汉江流域。

从史籍记载看，长江流域的水灾主要发生在江汉地区。下荆江蜿蜒型河道，由于水流宣泄不畅，极易决口，史称“长江万里长，险段在荆江”。据《晋书·五行志》和《隋书·五行志》以及方志记载，魏晋南北朝期间长江流域大的水灾有20多次，受灾地区多为长江中下游地区，如湖北、安徽、浙江、湖南、江西、江苏等省。有关长江干流的史料，宋以后逐渐翔实。如清乾隆五十三年(1788年)六月，长江支流岷江、沱江和涪江所经地区连降暴雨、山洪奔涌。川水汇入长江后，又与三峡区间和中游洪水遭遇，因而造成了罕见的洪灾，沿江损失惨重。上游忠县、丰都、万县等均被淹，由于上游沿江城镇地势一般较高，受灾范围尚小。中游地区受灾最重，湖北被淹36县，鄂西长阳一带“平地水深八九尺至丈

①节选自《河渠纪闻》。

余，不等”。江陵因万城堤溃口，城垣倒塌无数，水深一丈七八尺，城乡内外淹死1700多人，房屋倒塌4万多间。不少村落一片汪洋。武昌“学宫水深两丈，二月不退”。汉川“舟楫人市，民漂溺无数”。从历史上看，长江流域的水灾多发生在湖北、四川、江西、安徽和湖南等省。

淮河在古代与长江、黄河、济水齐名，并称为“四渎”。淮河流域地处中原，气候温和，雨量充沛，得灌溉之利，莽莽淮甸，都成沃壤，两岸农民，安居乐业。12世纪以前，淮河独流入海，自然灾害比较少。宋代有“走千走万不如淮河两岸”之说。12世纪以后，由于黄河夺淮的影响，使淮河水系遭到巨大的破坏，下游入海道逐渐变为地上河，无法排泄淮河洪水，许多支流发生了变迁或淤废，致使淮河流域经常泛滥成灾。特别是明代以后，淮河变成了中国有名的害河。汉代至1936年，淮河决溢共150次，明代以来就占到119次。历代虽有一些治理措施，但未扭转其危害成灾的局面，沿淮、淮北地区因此成为“穷山恶水地瘠民贫”的地区，也因此成为有名的流民输出地之一。海河、滦河、辽河、珠江等河流也不安分，也都酿成大大小小的洪涝灾害，泛起规模不等的流民潮。这里就不再详述。

(二) 古代的旱灾情况。旱灾也是历代中国人的“常客”。旱魃为祸之烈，有时较水灾尤过之。天干地燥，烈日如焚，大地龟裂，赤地千里，为大旱之年常见的惨相。旱魃肆虐之下，哀鸿遍野，饿殍满地，饥民荡析流离，相属于道，草木为粮，不堪言状。如《诗·召旻》中记载西周的一次大旱灾：“天疾威，天笃降丧，我饥馑，民卒流亡，我居圉卒荒。”王莽天凤六年(公元19年)，“关东饥旱连年，青、徐百姓流亡日众。”

隋开皇五年(585年)，关中连年大旱，粮食歉收，小民百姓以豆屑杂糠充饥果腹，至洛阳就食者，扶老携幼，道路相属。

唐贞观元年至三年(627~629年)，关东、关中各地连续发生水旱霜蝗之灾，关中饥馑尤甚，人民卖男鬻女，四处流散；咸亨元年(670年)，天下四十余州旱及霜虫，百姓饥乏，关中尤甚。诏令任往诸州逐食；永隆二年(681年)，“河南、河北大水，许遭水处往江、淮就食”。

宋庆历三年(1043年)十二月，韩琦至陕西，属岁大饥……是冬，大旱，河中同、华等州饥民，相率东徙。元顺帝至正十四年(1354年)，大河南北连年荒旱，沿岸饥民多达500万人，卖妻鬻子者相踵于道。

在池子华著作《近代淮北流民问题的几个侧面》，其中说道：今年灾虐及陈颍，疫毒四起民流离。连村比屋相枕藉，纵有药石难《金台集·颍州老翁歌》披露了这种悲惨的景象。扶治。一家十口不三日，藁束席卷埋荒陂。死生谁复顾骨肉，池子华:《从“凤阳花鼓”谈淮北流民的性命喘息悬毫厘》中提及到“大孙十岁卖五千，小孙三岁投清漪。”中充分地体现了当时人民受灾时候的真实场景。

明朝马懋才在《备陈大饥疏》中说：“臣乡延安府，自去岁(崇祯元年，1628年)一年无雨，草木枯焦。八九月间，民争采山间蓬草而食，其味苦而涩，以延不死。至十月，蓬草尽，则争剥树皮以充饥，以求缓死。迨年终，树皮又尽矣，则掘山中石块(实为白色黏土，俗名观音土)以果腹。石性冷而味腥，少食辄饱，不数日则腹胀下坠而死。最可悯者，如安塞城(在延安城北约25公里)有翳城之处，每日必有一二婴儿被弃其中。有号泣者，有呼其父母者，有食其粪土者，至次晨，所弃之子已无一生，而又有弃子者矣。更可异者，童稚辈及独行者，一出城外便无踪迹。后见门外之人，炊人骨以为薪，煮人肉以为食，始知前之人皆为所食。而食人之人，亦不免数日后面目赤肿，内发燥热而死矣。由是也，死者枕藉，臭气熏天。”旱灾的破坏性很大，一旦发生，往往颗粒无收，于是粮价暴涨，贫苦百姓只好背井离乡，乞讨求生。

（二）古代蝗灾状况。和水灾、旱灾相比，蝗灾作为古代的一种生物灾害，其实更难对付，对人民生活和农作物的危害也较大。

首先，我国各地形势有高有低，如果出现了水灾或者旱灾，局部地方还可以在较小程度上免遭灾害。正如农学家徐光启所言：“地有高卑，雨泽有偏被，水旱为灾，尚多幸免之处。”若[①]“水而得一丘一垤，旱而得一井一池，即单寒孤子，聊足自救”。

其次，即使有了水、旱灾害，人们尚可依借树皮、树叶和野生植物等各种能够维生的“代食品”超常地坚持下去。蝗灾则不然，其危害的波及面要大得多，蝗虫由子到成虫的周期特别短，约20日，短期内即可大量繁殖。并且蝗虫有成群结队的活动习性，来势迅疾，“其来如风”，破坏也惨烈，一旦蝗虫过后，“数千里间草木皆尽”，“食尽皆去”。所以，徐光启通过大量历史记载和科学考察之后，认为“其害尤惨，过于水、旱”。并且在续资治通鉴中也提及蝗虫的灾害与破坏的威力。

---

①节选自《北方民家》。

据《北史》与《隋本纪》史籍所载，王莽地皇三年（公元22年）夏，蝗从东方来，飞蔽天，流民入关者数十万人，乃置养赡官廪食之。

东汉永兴元年（153年）秋七月，郡国三十二蝗，河水溢。百姓饥穷，流冗道路，至有数十万户，冀州为甚。蝗，自幽、并、司、冀至于秦、雍，草木牛马毛皆尽，这次蝗灾祸及六州，不仅庄稼被蝗虫吞噬一尽，连草木乃至牲畜身上的毛都被吃掉了。

唐德宗兴元元年（784年）、贞元元年（785年）、贞元二年（786年），连续三年发生蝗灾，陕西、山西、山东都因蝗灾而发生饥荒。兴元元年（784年），先是陕西闹蝗灾，接着，山西出现蝗情，次年灾情进一步扩大。这年夏天，“蝗，东白海，西尽河陇，群飞蔽天，旬日不息，所至草木叶及畜毛，靡有子遗，饿枕道，民蒸蝗，曝飏，去翅足而食之”。

到第三年，即贞元二年（786年），山东仍有蝗虫为虐。持续了三年的蝗灾，使陕西、山西和山东先后陷入了饥荒。后晋天福七年（942年），山东、河南、关西诸郡蝗害稼。

第二年4月，天下诸州飞蝗害田，食草木叶皆尽，“人民流移，饥者盈路”。明代从宣德八年（1433年）到正统十四年（1449年）仅16年的时间里，蝗灾叠见，遭遇过3期规模特大的蝗虫劫难，每次持续三四年的时间，而且一次比一次来得猛烈。

① 在《明史》与《五行志·年饥》等古代史籍中有明确记

①御选明臣奏议卷二十二。

录，亢旱和蝗灾相继打击之后，呈现出的便是大量的乞讨饥民接踵道途、流落异乡的悲惨景象。如宣德九年（1434年），由于旱灾、蝗灾的接连袭击，“南畿、山东、浙江、陕西、山西、江西、四川多告饥，湖广尤甚”；正统六年（1441年），因北直蝗灾，二十六州县大饥。对蝗灾的危害作形象的了解，可以嘉靖十年发生在华北平原的一次蝗灾为例：时值禾苗成熟时节，“蝗蝻盛生，弥空蔽日，积于地者至三四寸厚，将禾根食之皆尽”。蝗灾的结果是造成大量贫民无以维生，到处流浪。如熙宁八年（1075年），京东自夏秋旱蝗相仍，民被灾流徙者十六七。

除水灾、旱灾和蝗灾三大灾害外，风灾、雹灾、雪灾、潮灾、地震和瘟疫等自然灾害也给中国人民造成重大的生命财产损失，使五谷不登，引发大规模的流民潮。如王莽时“饥馑之所夭，疾疫之所及，以万万计。其死者则露尸不掩，生者则奔亡流散，幼孤妇女，流离系虏”。

明朝林俊在一份奏疏中描述北方饥荒时说：“陕西、山西、河南连年饥荒，陕西尤甚。人民流徙别郡及荆襄等处，日数万计。甚者阖县无人，或者十去七八。仓廪悬罄，拯救无法。饥荒填路，恶气熏天。道路闻之，莫不流涕。”1317年，朔漠大风雪，羊马牲畜尽死，人民流散。1461年7月，松江沿海地区受海潮袭击，风雨大作，潮涌数丈，嘉定、昆山、上海三县被海潮淹死12500多人。

嘉庆《东台县志》中记载永乐十九年（1421年）江苏沿海地区遭受海潮袭击的诗歌，至今读来仍令人毛骨悚然。

诗歌写道：

辛丑七月十六夜，夜半飓风声怒号。
天地震动万物乱，大海吹起三丈潮。
茅屋飞翻风卷去，男妇哭泣无栖处。
潮头骤到似山摧，牵儿负女惊寻路。
四野沸腾那有路？雨洒月黑蛟龙怒。
避潮墩作波底泥，范公堤上游鱼渡。
悲哉东海煮盐人，尔辈家家足苦辛。
频年多雨盐难煮，寒宿草中饥食土。
壮者游离弃故乡，灰场蒿满地无卤。
招徕初蒙官长恩，稍有遗民归旧樊。
海波忽促余生去，几千万人归九原。
极日黯然烟火绝，啾啾妖鸟叫黄昏。

综观我国古代历史，流民洪波时期往往与自然灾害高发期同步。水灾、旱灾之后，伴随而来的往往是饥荒、瘟疫，人们不得不四处逃荒求食。诚如乾隆帝所说："岁偶不登，闾阎即无所恃，南走江淮，北出口外，揆厥所由，实缘有身家者不能赡养佃户，以致滋生无策，动辄流移。"在奴隶制和封建制统治下，灾与荒通常是并行备至的，人民遭受灾荒而流离失所的情况不计其数。

从古代的人文历史与地理位置考究起来，灾荒之所以不断袭击和出现，最基本的原因乃是自然环境的作用。不过，自然灾害虽然凶险，但是如果政治清明，赈济救荒措施得力，也不一定酿成民流大祸。所以，遇自然灾害后，民流规模的大小与政府采取措施是否得力有着很大关系。

二、人为的自然灾害

《扶植国本疏》《皇明经济文录》卷 3、《三千年天灾》等历史研究资料中，虽然对于当时的自然因素造成的灾害进行了详细叙述，但是无一例外地发现，除了古代原生灾害，人为造成的灾害损失也不可小觑。

综观我国历代发生的严重灾害，固与自然条件有很大关系，但是深入探索灾荒的最终成因或促发严重灾荒的因素，可知在自然条件以外人为的社会条件也起着相当重要的作用。

邓云特先生在《中国救荒史》中说："水患决非天灾，乃由于治水未努力。"此话虽不无偏激，但却道出了天灾中的社会因素。社会因素主要包括两个方面：一是社会统治阶级疏于管理，甚或故意破坏；二是人为的生态破坏。吏治的腐败，政府职能运转失效，统治阶级的残酷剥削与苛敛，能使小灾变成大灾，大灾变成严重灾害。这样的事例很多，如历史上黄河的淤塞泛滥固与自然的土质、雨量及地形之坡度等有关，但在封建统治下，人工治理的废弛，当权统治阶级的暴敛侵掠，使农民没有余力作防灾的准备，或完全丧失防灾能力，这实为灾害发生的决定性因素。

因此，从国家机器在中国产生起，历代的统治者就一直把灾害救助——"荒政"作为政府的一项重要职能。以此来减少灾害的情况，减少流民波动，也以此来巩固国家的政权。

三、历代救灾的措施

中国第一个王朝——夏，就是在大禹领导治理洪灾的过程中奠定了"立国"的基础，在当时生产力还很低下，人类对自然认识还很蒙昧的时期，大禹的业绩却是一座历史的丰碑。但在总体上说，在中华民族文明史的初始期，人们对自然灾害发生原因的认识和所采取的灾害救助办法还是很幼稚的。

人们认为自然灾害的发生是天意，是“天毒降灾荒”，要弥除灾荒，就必须祈求“上天”的宽恕与保佑。所以，在夏代虽有积粮备荒之举，商代也曾有汤为灾民赎回被迫出卖的子女等救灾举措的记载。但夏、商时最为盛行的救灾方法，则是由统治者“祈天弥荒”，或由巫师，施行巫术救灾，如《竹书纪年》中就有记载：“商汤二十四年大旱，王祷于桑林雨。”在《殷礼微文》中也有“使巫祈雨”的记载，在中国古代的典籍中此类记述颇多。《清高宗实录》中对于这种做法也有记载。

到了周代以后，随着社会生产力的进步和朴素的科学自然观的发展，这种不能产生实际效果的祈天救灾，虽然还一直产生着影响，但具体实在的社会性灾害救助政策与实践，开始逐渐取而代之了。

比较系统而实际的“荒政”始创于西周。西周朝廷设有地官司徒，辅助周天子“安忧邦国”，负责荒政是其主要的职司之一，据《周礼·地官司徒》记载，西周的“荒政”有十二项。

(一)“散利”即向灾民发放衣食、钱物等予以救济

(二)“薄征”即减轻灾区的赋税负担

(三)“缓刑”即宽缓刑罚

(四)“弛力”即减少对灾区的徭役征发以宽民力

(五)“舍禁”即取消某些禁令，开放一些山林川泽等禁地，允许灾民在一定限度内择业、择地谋生

(六)“去几”即撤销一些关卡、税卡以利民间交易和营生

(七)“眚礼”即省节吉礼的礼仪和花费

(八)“杀哀”即省节凶哀礼的礼仪和花费

(九)“蕃乐”即把乐器收藏起来暂不演奏

(十)“多昏”即鼓励结婚多生育，以促进劳动的增加

(十一)“索鬼神”即求神问卜以祈消灾

(十二)“除盗贼”即缉拿盗贼，惩治犯罪以加强灾区的治安

上述这十二项灾害救助的政策与措施是系统且富实效的。与夏、商时期相比有了质的进步，它涉及人民生活的各个方面，在一定程度上缓解了灾害情况，对后世的荒政更有着深远的影响。它是古代中国在自然灾害救助方面，对人类文明做出的卓越贡献。

西周的这些“荒政”以后又为历代皇朝不断地继承、充实和发展，纵观中国古代灾害救助的政策与实践，大致可概括为以下几个方面：

1. 养恤：主要包括施粥、居养、赎子等措施。施粥是给予灾民粥食，维持其生存；居养是临时收容抚恤灾民；赎子是由政府出钱为灾民赎回被迫出卖的子女。赎子如前所述起于商汤，施粥始见于战国，居养从宋代起有记载。这些措施主要是对灾民的急行救助，有一定的作用，但收效不大。

2. 蠲缓：主要包括蠲免和停缓。蠲免是指免除赋税、徭役。

《周礼·地官司徒》所记载的十二条荒政中的薄征、弛力等措施就属蠲免。据《唐六典·户部郎中员外郎》记载，唐时有依灾情而定蠲免的具体规定：“凡水旱虫霜为灾害，则有分数。十分损四以上免租，损六以上免租调，损七以上课役俱免。若桑麻损尽者各免调，若已役已输者，听免其来年。”遇灾而减免赋税徭役是历代统治者普遍采用的一项救灾措施，

一方面是灾发后稳定社会，恢复生产的需要，另一方面也是统治者不得不采取的现实态度，如灾后继续横征暴敛，结果就可能激起民变。

3. 赈济：主要包括赈粮、赈银等，即向灾民发放粮食、衣物，或银钱帮助灾民度荒。战国时，齐国遇灾就曾无偿赈济灾民粮食、衣物。汉元帝初元元年，关东遭灾，朝廷下旨："岁比灾害，民有菜色，惨淡于心，已诏吏虚仓廪，开府库赈救，赈寒者衣" 赈谷、赈衣救灾是历代王朝一项主要的救灾措施，史籍上此类记载甚多。赈谷有无偿赈济的，也有平价有偿赈济的。

赈济衣食并不能完全解决灾后的生活所需，如房倒家破者，患疾求医者，便不是救济衣食就可解决的。① 所以赈济中还有赈银的做法，向灾民发放一定的钱款，帮助其恢复生计。如东汉永建三年，京师地震，民房大批倒塌，百姓死伤惨重，汉顺帝下诏，各地方官吏查灾上报，然后由国库拨付赈银，按年满7岁以上者，给钱二千，让灾民度灾。宋代天圣七年，河北大水，朝廷下诏，"其被灾之民，见存三口者，给钱二千，不及者半之。" 赈银有按人头计年龄给付的，有按户计口数给付的。这种救济方法是中国古代商品货币关系在救灾措施中的反映。

4. 贷赈：主要是在灾荒时期，由政府贷给灾民耕牛、农具、种子，帮助灾民恢复生产。在度过灾荒以后，再附带低息或不附息，收回所贷的本金。

①节选出自《又诏》。

这项措施适合于灾情不是十分严重，恢复生产条件较好的地区。东汉和帝时河北、河南地区发生水灾，政府就将耕牛贷给农民，帮助恢复生产。唐太宗贞观二十二年各地发生水旱灾情，政府贷种粮给灾民以抗灾。元世祖忽必烈还采取过贷富人粟给灾民以救灾的办法。贷赈救灾通过放贷生产资料，帮助灾民恢复生产，结合救灾的其他措施，能发挥出更积极的救灾作用。

5. 工赈：即"以工代赈"，是历代救灾的传统做法。

政府在灾害发生后，通过使用灾民劳力，兴修水利堤防、道路等工程，用付给民工工钱的办法来达到既救灾又兴修了公共工程的目的。春秋时，齐国发生灾荒，[①]"晏子请为民发粟，公不许，当为路寝之台，晏子令吏重其赁，远其兆，徐其日，而不趣。五年台成，而民赈，故上悦乎游，民足乎食。"宋神宗时蝗灾施虐，神宗下诏，"令灾民灭蝗除害，得蝗虫五升或蝗虫一斗者给细包谷一斗，得蝗虫一升给细包谷二升，给银钱以中等值与之"。明弘治时，黄河决口，灾民流离载道，河南副都巡抚孙需"乃役以筑堤，由予以佣钱。趋者万计，堤成，而饥民饱，公私便之。"工赈救灾，一举两得，是较积极的救灾措施。

6. 安辑：即对逃荒流离的灾民进行安顿，主要措施包括给田、赍送等。给田是将闲田给流民耕种，并减免租税。或组织流民开荒，如唐代石州刺史卢坦在江淮大旱时，组织灾民开荒，度过了荒年。赍送是官府出资出人遣送流民回籍。

①节选自《晏子春秋》。

与之相配套的还有给复，即蠲缓法中的对回乡流民，减免赋税，引导流民回乡复业。

唐代的救灾保障制度是对历代以来救灾制度的总结，古代的社会保障制度在唐代已经形成了完整的体系。

我国古代社会性的救灾保障措施甚多，且成体系。许多措施至今还有其借鉴价值，虽然在剥削制度下，然而在我们研究中可以发现，这些救灾保障思想虽然有先进性的体现，但是这些措施并不可能真正有效地贯彻，并解决灾民的生存保障问题，但作为人类历史上社会性灾害救助的一种思想与实践，乃是中华民族对世界文明做出的一份可贵贡献。

第二节　日常救济制度

从我国有文字记载以来，史籍中关于对社会成员中弱势群体救济的记载就“不绝于卷”。《尚书·大禹谟》中有“禹曰：‘於！帝念哉！德惟善政，政在养民’。”“养民”是国家的重要职能之一，而日常对贫困百姓的救济是国家养民政策的重要方面。

一、日常贫困救济的对象

日常贫困救济对象是指国家日常贫困救济政策制度中规定的救济待遇享受者。在有文字记载的数千年中国古代历史上，虽然日常贫困救济的政策和制度不断变化，但救济的对象基本保持不变。

周朝人在追忆商代重要历史时，描述了祖甲继位及得以在位三十多年的原因是：施政的重点在于“保惠于庶民，不敢侮鳏寡。”《礼记·月令》指出：“天子布德行惠，命有司发仓廪，赐贫穷，振乏绝，开府库，出币帛，周天下。”即救济贫困的百姓，向他们提供粮、钱和衣服是国家应该履行的职能。

《逸周书·大聚解》则将“振乏救穷，老弱疾病，孤子寡独”作为国家的“惟政所先。”在春秋战国时期对贫困者的救济更是各诸侯国之间争取百姓拥戴，进而称雄争霸的重要政策、措施。《国语·晋语》记载：悼公将即位，“辛巳，朝于武宫。定百事，立百官，育门子，选贤良，兴旧族，出滞赏，毕故刑，赦囚系，宥间罪，荐积德，逮鳏寡，振废淹，养老幼，恤孤疾，年过七十，公亲见之，称曰王父，敢不承。”《国语·越语》描述了越国被吴国战败后，勾践对国人的告白：“寡人不知其力之不足也，而又与大国执雠，以暴露百姓之骨于中原，此则 寡人之罪也，寡人请更。‘于是葬死者，问伤者，养生者，吊有忧，贺有喜，送往者，迎来者，去民之所恶，补民之不足。然后卑事夫差，宦士三百人于吴，其身亲为夫差前马。’”①“葬死者，问伤者，养生者，吊有忧，贺有喜，送往者，迎来者，去民之所恶，补民之不足”成为他安抚百姓，争取百姓支持的重要举措。当他准备向吴国报仇时，《国语·吴语》中的记载再次证明，他仍然将：“疾者吾问之，死者吾葬之，老其老，慈其幼，长其孤，问其病”作为争取人民支持“求以报吴”的重要措施。

《管子》中社会保障体系覆盖的对象都是国家应该提供日

① 节选自《勾践灭吴》。

常救济待遇的人群：老、幼、孤、疾、鳏、寡、病、穷、困、绝。《孟子·梁惠王下》中也讲述了孟子和齐宣王的对话，孟子对齐宣王讲解“王政”的内容：“昔者文王之治岐也，耕者九一，仕者世禄，关市讥而不征，泽梁无禁，罪人不孥。老而无妻曰鳏。老而无夫曰寡。老而无子曰独。幼而无父曰孤。此四者，天下之穷民而无告者。文王发政施仁，必先斯四者。”总而言之，古人都把鳏、寡、孤、独、老、穷、乏、疾、病、死（葬）者作为国家进行救济的主要对象。

汉朝光武帝建武六年（30年），光武帝曾命“郡国有谷者，给禀高年、鳏、寡、孤、独及笃癃、无家属贫不能自存者，如《律》。”虽然我们无法看到《汉律》如何具体规定“廪食”这些人，但应该享受“廪食”待遇者：“高年、鳏、寡、孤、独及笃癃、无家属贫不能自存者”不是一一在目吗？

魏文帝黄初三年（222年）九月甲午诏，宣布：“鳏寡笃癃及贫不能自存者赐谷。”太和六年（232年）三月，“行东巡，所过存问高年、鳏孤独，赐谷帛。”《宋书·文帝纪》记载，元嘉三年（426年）夏五月乙巳诏：“其高年、鳏寡、幼孤、六疾不能自存者，可与郡县优量赈给。”

唐朝贞元时“田不及五十亩即是穷人。”《新唐书·太宗纪》记载，贞观十五年（641年）四月乙未，“赐民八十以上物，惸独鳏寡疾病不能自存者米二斛。”《旧唐书》卷十六《穆宗纪》记载，长庆二年（822年）十二月，“甲午，内出绢二百匹，赈两市癃残穷者”，是将残疾人视为特殊救济对象。宋朝贫困救济的对象主要包括“穷民”“贫民”和“弱势群体”。“穷民”即《周礼》中所谓“鳏寡孤独，天民之穷者”。可见，穷民是自身难以维持生存者。所以绍兴十三年（1143年）九月，高宗曾对大臣说："诸处有癃老废疾之人，依临安例，令官司养济。穷民无告，王政之所先也。"这部分人群又包括鳏寡孤独的无依倚之人和残废疾病无以为生者。

宋王明清撰《挥尘录余话》中就讲述了蔡元长在宣和时，曾找一个住在京师福田院里以算命为生的残疾人算命。"贫民"是指：平时生活困难，只能勉强维持生存，遇到天灾人祸，就成为无法生存之人。

太宗（976—997年在位）时，乡村五等户中占田20亩以下的人户称为"贫民"。神宗（1067—1085年在位）时，规定第五等户或产业在50贯以下的贫困户免出役钱。城镇贫困人口主要包括两部分，一是客户，称为"浮客"，一般不入等；一是坊郭十等户中的下五等户，称为"贫弱之家"。如河东路的辽州以及岢、岚等州军将浮客也列入户等，其第十等人户"内有卖水、卖柴及孤老妇人不能自存者。"另外，就是由于自身原因（年龄与性别）处于弱势的社会群体，主要包括三部分人：老人、儿童和妇女。

《辽史》载：保宁八年（976年）"三月辛未，遣五使廉问四方鳏寡孤独及贫乏失职者，振之。"此时，无职业者成为日常贫困救济的对象。

元朝也延续前代的基本规定，世祖至元八年（1271年）春正月壬辰，发布"诸路鳏寡孤独疾病不能自存者，官给庐舍、薪米"的敕令。元朝赈济的对象是"老幼残疾孤贫不能自存之人"。在《刑法志》"户婚"项目下，有"养济院"收养鳏寡孤独的制度："诸鳏寡孤独，老弱残疾，穷而无告者，于养济院收养。应收养而不收养，不应收养而收养者，罪其守宰，按治官常纠察之。"又规定："诸父母在，分财异居，父母困乏，不共子职，及同宗有服之亲，鳏寡孤独，老弱残疾，不能自存，寄食养济院，不行收养者，重议其罪。亲族亦贫不能给者，许养济院收录。”即国家不仅在救济措施中规定救济对象，还在颁布的救济制度明确救济对象，在法律文件中确定救济机构的收养对象。

另外，元朝贫困救济中还出现了新的救济对象。其一，元朝的贫困“站户”被专门列为救济对象。“站户”是专门为过路出使、进京、返程等政府官员和军队提供住宿饮食和交通工具（主要是马匹）的民户。从世祖时就开始关注“站户”的贫困问题，不断向他们提供钱粮救济。如至元二十年（1283年）十二月“癸卯，发粟赈水达达四十九站。”二十八年三月“辛酉，吕连站木赤五十户饥，赈三月粮。”泰定元年（1324年）十一月“大都、上都、兴和等十三驿饥，赈钞八千五百锭。”其二，由于工商业的长足发展，从事手工业劳动的人口占总人口的比重增加，国家的关注对象已经从以前的“纯农业”劳动者向多行业劳动者转移，在元朝出现了将贫困的手工业者作为救济对象的史料，如至元六年（1269年）二月“赈欠州人匠贫乏者米五千九百九十九石。”这也是社会进步的标志。

明朝也有相应法律规定。“初，太祖设养济院收无告者，月给粮。”《英宗实录》记载，天顺元年（1457年）五月，壬申，“上谕户部臣曰：‘比闻京城贫穷元依之人行乞于市，诚可悯恤。其令顺天府于大兴、宛平二县各设养济院一所收之’。”即令暂于顺便寺观内京仓米煮饭，日给二餐，器皿、柴薪、蔬菜之属，从府县设法措办，有疾者，拨医调治，病故者，给以棺木，务使鳏、寡、孤、独得沾实惠。仍令五城兵马司从实取勘，当赈济者，即令送府，不得滥冒侵欺，违者，责有所归。

明仁宗、明宣宗时救济对象扩大到为流民提供食宿和收养弃婴。特别是残疾人也被列为重要的救济对象，如弘治十五年（1502年）四月壬寅，孝宗“命顺天府赈恤都城内外民之鳏寡残废及贫难无依者，从户部奏也。”对农村的鳏寡孤独贫困人口，国家采取以赋税附加形式筹集钱物。顾炎武在《天下郡国利病书》中提到：明朝在上交田赋的许多项目中都折色为钱物，在秋粮本色存留中有“存恤孤老口粮米”。

清初，国家在赋役制度中就明确：“丁银原有定额，……老幼废疾，并与豁免。……鳏寡孤独废疾不能自养者，宜与给养。”而且在政府刚刚建立，脚跟还未站稳之际就于顺治元年（1644年）诏告天下：“穷民鳏寡孤独废残疾不能自存者，在京许两县申文户部，告给养济；在外听州县申详府按，动支预备仓粮给养，多使人沾实惠，昭朝廷恤民至意。”这也成为清政府安抚天下，争取民众支持的安民告示。另外，清朝对军流等犯，“除年逾六十不能食力者，照例拨入养济院，按名给予孤贫口粮外，或年未六十而已成笃疾，不能谋生者，亦一体拨给。对其少壮军流各犯，实系贫穷又无手艺者，初到配所，按该犯本身及妻室子女，每名每日照孤贫给予口粮，自到配日起以一年为止。于各州县存贮仓谷项下动用报销。”特别是《大清律例》明确了国家对贫困者救济的责任：其规定“凡鳏寡孤独及笃废之人，贫穷无亲属依倚不能自存，所在官司应收养而不收养者杖六十。若应给衣粮而官吏克减者，以监守自盗论。（凡系监守者不分首从并赃论）。”即：日常贫困救济是各级官员必须做，而且要做好的事情，如果对应该救济的对象没有尽到责任（应收养而不收养），将受到法律制裁（杖六十）。

二、日常贫困救济的内容

国家对贫困人群的救济虽然由来已久，且为区别于灾害性救济，笔者称之为日常贫困救济。但为便于分析研究，在对历史上日常救济的史料进行考察后，笔者将其分为偶然性救济和常规性救济两部分。

（一）偶然性救济。偶然性救济是指国家对百姓进行贫困救济时，是由于偶然因素导致的救济或者没有常设机构和规律性的救济。在《周礼》和《管子》中阐述的社会保障体系都包括了日常贫困救济的内容。虽然《周礼》提出的“保息”六项措施中五项是日常贫困救济的内容，并且设置了管理日常社会救济的官吏；《管子》中既设计了日常贫困救济的制度，也创置了救济的机构，但我们都没有看到这两部著作记载和叙述官府在履行日常社会救济职能方面的史实。而《国语》《晏子春秋》等著作正好描述了此一时期日常社会救济的实践。又由于时代久远，规范的记载不详细，笔者姑且把这些实践活动都归入偶然性救济范围。

《国语·晋语四》中，记载了公元前636年，晋文公在外漂泊18年后回国执政，采取了以下几项措施：

⑴ 弃责，除宿债也。

⑵ 薄敛。

⑶ 施舍，施，施德。舍，舍禁。

⑷ 分寡，分少财也。

⑸ 救乏，救乏绝。

⑹ 振滞，振淹滞之士。

⑺ 匡困资无，匡，正也，正穷困之人也。资无，予无财者

(8) 易道，除盗贼。

(9) 通商，利商旅。

(10) 宽农，宽其政，不夺其时。

(11) 懋穑，懋，勉也，勉稼穑也。

(12) 劝分，劝分，劝有分无。

(13) 省用，省，减，减国用。

(14) 足财，备凶年。从而达到“政平民阜，财用不匮”。

按照现代经济理论的划分，晋文公实施的14项措施中包括了发展经济三项（9、10、11)，维护社会秩序三项（1、3、8)，财政政策二项（2、13)、社会保障六项（4、5、6、7、12、14)。其中4、5、6、7项就属于日常贫困救济。主要包括常规性救济和临时性救济。

《晏子春秋》中有不少晏子规劝君主救济贫困者的故事。如“内篇谏上第一”“景公衣狐白裘不知天寒晏子谏第二十”讲“景公之时，雨雪三日而不霁。公被狐白之裘，坐堂侧陛。晏子入见，立有间，公曰:‘怪哉！雨雪日而天不寒。’晏子对曰:‘天不寒乎？’公笑。”晏子曰：“婴闻古之贤君饱而知人之饥，温而知人之寒，逸而知人之劳。今君不知也。”公曰：“善！寡人闻命矣。乃令出裘发粟，与饥寒。令所睹于涂者，无问其乡；所睹于里者，无问其家；循国计数，无言其名。士既事者兼月，疾者兼岁。”

这种见饥寒者就给衣食的救济之事当然不能长久，只是临时偶尔为之吧！还有“内篇问下第四”“景公问何修则夫先王之游晏子对以省耕实第一”中记述景公在晏子的劝导下，在出游的时候注重对贫困者的救济。景公将出游，问晏子:“吾欲观于转附、朝舞，遵海而南，至于琅琊，寡人何修，则夫先王之遊?”晏子再拜曰:“善哉!君之问也。闻天子之诸侯为巡狩,诸侯之天子为述职。故春省耕而补不足者谓之游,秋省实而助不给者谓之豫。夏谚曰:‘吾君不游,我曷以休?吾君不豫,我曷以助?一游一豫,为诸侯度。’今君之游不然,师行而粮食,贫苦不补劳者不息。夫从南历时而不反谓之流,从下而不反谓之连,从兽而不归谓之荒,从乐而不归谓之亡。古者圣王无流连之游,荒亡之行。”公曰:“善。”于是,命令吏计公掌之粟,登记老人、稚幼和贫苦人口之数。使吏赈发粟米,予贫民者达三千钟。还亲自接见癃老者七十人,“振赡之”。出游成为一次典型的救济贫困百姓的活动。另外在《晏子春秋》中还讲述了景公在晏子的规劝下令官府收养孤儿,是国家对孤儿救济的实证。

汉朝之后,各朝代对偶然性贫困救济的史料记载有多有少,有详有略。永元五年(公元93年)三月,和帝曾“遣使者分行贫民,举实流冗,开仓赈禀三十余郡。”永初元年(公元107年)国家也在“二年春正月,禀河南、下邳、东莱、河内贫民。”

三国两晋南北朝时期,刘宋孝武帝大明七年(463年),出巡南豫州、南兖州,颁布诏令:“可蠲历阳郡租输三年。遣使巡慰,问民疾苦,鳏寡、孤老、六疾不能自存者,厚赐粟帛。高年加以羊酒。”在《魏书》中北魏孝文帝太和年间(477–499年)就多次出现对贫困人群的救济资料。

太和三年(479年)十一月癸卯“赐京师贫穷、高年、疾患不能自存者衣服布帛各有差。”

太和五年(481年)二月辛卯“赐孤贫不能自存者谷帛有差。”

太和六年（482年）夏四月甲辰“赐畿内鳏寡孤独不能自存者粟帛有差。”八月癸未又“分遣大使，巡行天下遭水之处，丐民租赋，贫俭不能自存者，赐以粟帛。”

太和七年（483年）夏四月庚子，幸崞山，赐所过鳏寡不能自存者衣服粟帛。太和十三年（489年）夏四月丁丑诏曰：“升楼散物，以赉百姓，至使人马腾践多有毁伤，今可断之，以本所费之物，赐穷老贫独者。”

太和十七年（493年）八月壬寅“路见眇跛者，停驾亲问，赐衣食终身。”太和二十年（496年）七月丁亥诏曰：“疾苦六极，人神所矜，宜时访恤，以拯穷废。鳏寡困乏不能自存者，明加矜恤，令得存济。”虽然出于救济的原因不同，但救济的对象都是贫困者，提供给他们急需的衣食等生活必需品。其他各朝，如齐武帝永明五年（487年）正月辛卯，“赐孤寡老疾各有差。”梁武帝普通二年（521年）春正月甲戌，诏曰：“凡民有单老孤稚不能自存，主者郡县咸加收养，赡给衣食，每令周足，以终其身。又于京师置孤独园，孤幼有归，华发不匮。若终年命，厚加料理。”北周明帝二年（558年）六月“己巳，板授高年刺史、守、令，恤鳏寡孤独各有差。”

隋炀帝虽以历史上的暴君著称于世，但大业元年（605年），也曾经诏告天下，“今既布政惟始，宜存宽大。”特派遣吏使，巡视全国。其中就有对“孝悌力田，给以优复。鳏寡孤独不能自存者，量加振济。义夫节妇，旌表门闾。高年之老，加其版授，并依别条，赐以粟帛。笃疾之徒，给侍丁者，虽有侍养之名，曾无赒赡之实，明加检校，使得存养。”政策和措施。

唐朝，封建王朝不仅将对贫困人群的救济具体到赋役制度中，使之制度化，还不断有偶然性的救济措施。太宗贞观十三年(639年)正月乙巳，诏曰："有八十已上，及孝子顺孙、义夫节妇、鳏寡孤独、有笃疾者，赐物各有差。"贞观二十年(646年)二月，"庚申，赐所过高年、鳏寡粟。"元和七年(812年)，"十一月辛酉，赐高年、孤独、废疾粟帛。"在长庆二年(822年)十二月，又有专门对城市贫民的救济措施："甲午，内出绢二百匹，赈两市癃残穷者。"

在宋朝也已经建立了对贫困者进行常规性救济的专门机构，但偶然性的救济措施依然频繁出现，主要是对贫民的救济。如仁宗年间(1023-1031年)就有"天禧元年，三月，辛酉，令作淖糜济，怀、卫流民。十二月，丙寅，京城雪寒，给贫民粥。"①"景祐元年，正月，诏开封府界诸县，作糜以济饥民，诸灾伤州军亦如之。""嘉祐四年，春正月，辛丑，遣官分行京城，赐孤穷老疾钱，几县委令佐为糜粥济饥。"元祐三年(1088年)冬，②"频雪，民苦寒，多有冻死者"。吕公著为相，"出内库钱十万缗，委开封府官吏走遍闾阎周视而赈之"。即由官吏持钱米挨家挨户发放到需要赈济者手中。

另外，国家也常常使用集中置场赈济的方式对贫民进行救济。政府将赈济物品集中于一处或数处，令受济者持证前来领取。

嘉定十二年(1219年)十二月九日，"都省言：'岁晚严寒，细民不易，合议优恤。'诏令丰储仓所于桩管米内支拨二万石赴临安府，日下分头差官疾速抄札的实贫乏人户，即遍置场

①节选自《宋史》。
②节选自《救荒活民书》。

赈济五日，务要实惠及民，毋得迟延，容令吏胥作弊。候赈济毕日，开具帐状供申”。置场赈济降低官吏的工作强度，提高赈济效率，也适于大范围对贫民进行救济。特别是国家对贫民的赈粜救济时一般也采用置场形式。赈粜是有偿的救济方式，在国家救济资金有限的情况下，赈粜比赈济覆盖范围更广，且弊端更少，效率也更高。

元祐三年（1088年）正月十二日，大雪使粮价飞涨，“诏发京西南路阙额禁军粮谷五十余万石斛，减市价出粜至夏麦熟日止。”绍圣元年（1094年）七月，“诏今后所在置场粜米更不限时月，如遇在京斛斗价高，户部取旨出粜”。出售粮食的价格一般为市价的50%–80%。贫困人群除需要国家为其提供口粮，保证基本生存条件外，对于一般贫民来说，御寒的柴薪也同样重要。为此，国家也采取了相应的救济措施，如大中祥符五年（1012年）十二月六日，“帝谓宰臣王旦等曰：‘民间乏炭，其价甚贵，每称可及二百文。虽开封府不住条约，其如贩夫求利，唯务增长。宜令三司出炭四十万，减半价鬻与贫民，如此非惟抑其高价，实且济得人民’。”此后，每年三司都另行储炭57万，如常平仓体制，自此，遂为定制。成为救济贫困人群的重要措施。

金朝“承安二年，冬十月，甲午，大雪。以米千石赐普济院，令为粥以食贫民。”《辽史》中也多此出现赈济贫民的史料，如重熙十五年（1046年）十一月“乙巳振南京贫民。”大安二年（1076年）九月“壬申，发粟振上京、中京贫民。”元朝与宋相同，既有专门机构进行的常规性救济，也有偶然性救济。元代从至元十九年（1282年）各路建立养济院，对贫困人群进行常规性救济。但养济院收养的人数有限制，故国家还有其他针对贫困人群的救济措施。在《元史》中记载：如至元二十年(1283年)冬十月戊申，“给鳏寡孤独者绢千匹，钞三百锭。”“给京师南城孤老衣粮房舍。”三十年(1293年)冬十月壬寅“其鳏寡孤独不能自存者给之。”大德五年(1301年)规定对京师内的“老幼单弱不能自存者，廪给五月。”即对某些地区的贫困人群，在某一时间内进行救济。

明朝惠帝建文元年(1399年)二月，诏曰：“赐民高年米肉絮帛，鳏寡孤独废疾官为牧养。”虽然“牧养”的提法有损人的尊严，但作为封建王朝为贫困人群提供的救济待遇，也使他们得到了基本的生存保障。天顺二年九月丙午，英宗诏令：“出内帑绵布一百匹，给大兴、宛平县养济院贫民。”明朝的这种救济诏令较多，如仅成化年间对大兴、宛平县养济院被救济者的布匹赏赐就有两次：一次是成化六年九月，“赐大兴、宛平二县养济院贫民布共四百七十余匹。”另一次是成化十年九月，“给赐大兴、宛平二县养济院孤老贫人二千九百六十六口布人一疋。”这种一次性的偶然救济措施，虽然不能保证贫困百姓永远生活无忧，但至少在一定程度上减少了百姓的困苦。

(二)常规性救济。常规性救济是指国家常设专门救济机构，常年对贫困人群提供基本生存所需的救济。对各个朝代设置的机构情况将进行专题研究，在此只对救济的基本史实进行研究。

《管子》一书中已经明确设置贫困救济的管理机构，但其如何运作管理，由于史料缺乏，现已难考证。在《晏子春秋》卷五中曾记载晏子规劝齐景公优恤老弱鳏寡的事：景公在寿宫游玩时，看到一位背负柴薪的老人，面带饥色。景公对其产生怜悯之心，慨叹之余，令官吏赡养老人。晏子曰："臣闻之，乐贤而哀不肖，守国之本也。今君爱老，而恩无不逮，治国之本也。"公笑，有喜色，晏子曰："圣王见贤以乐贤，见不肖以哀不肖。今请求老弱之不养，鳏寡之无室者，论其共秩焉。"公曰："诺。"于是老弱有养，鳏寡有室。把一次性的偶然救济转变成国家的日常救济工作，晏子的规劝卓有成效。但具体如何运作这个救济机构，后人已无从知晓。魏晋南北朝时期，梁朝设置孤独园，南齐太子与竟陵王子良立六疾馆以养穷民，但也因缺乏史料无法进行全面深入研究。

从《旧唐书》和《新唐书》的《食货志》记述中说明唐王朝在法律上规定了对贫困人口的赋役救济政策。《旧唐书》记载："武德七年，始定律令。以度田之制：五尺为步，步二百四十为亩，亩百为顷。丁男、中男给一顷，笃疾、废疾给四十亩，寡妻妾三十亩。若为户者加二十亩。"《新唐书》则写道："老及笃疾、废疾者，人四十亩，寡妻妾三十亩，当户者增二十亩。""若老及男废疾、笃疾、寡妻妾……不课。"这使得所有的贫困者无论在何时、何地都能够享受到国家提供的这一救济待遇。

宋朝初期收养贫困人口的机构，在京师有福田院，其他诸路设广惠仓。特别是元符元年（1098年），正式颁行"居养法"之后，各路地方政府均依此法广设居养院（南宋时多称养济院）、安济坊，收养贫困者。这些机构除长期收养鳏孤老残者外，也收养乞丐。尤其是北方，到冬季天寒地冻，乞丐无衣无食，死亡率极高。国家在冬季对他们采取集中、待春暖以后则遣散的收养政策。对于集中性收养的人群，国家提供衣食和取暖柴薪。集中收养时间一般始于当年十一月一日，到第二年二月底遣散。但由于每年二月新谷尚未上市，放散的乞丐很难乞食，国家又往往根据情况调整放散时间。

绍兴二年（1132年）三月二十六日，“中书门下省言：‘临安府赈养乞丐人，三月一日已行放散，各无归所。’诏临安府更赈养一月，候麦熟取旨罢：闰四月三日，临安府言：‘被旨乞丐人更赈养一月，合至四月二十九日满。’诏更展一月”。即将放散时间调整到五月底，甚至也曾将放散时间延迟到七月底，属于特例。对于大多数乞丐和贫民来说，国家的集中收养机构只是杯水车薪，因此，国家对他们的救助主要还是采取赈济的形式，提供一定的生存口粮。

宋神宗熙宁十年（1077年），针对乞丐的救济更加规范——制订了专门的办法，即从元丰年间（1078–1085年）开始实施“元丰惠养乞丐法”。此后，冬季赈养乞丐即依此法进行。哲宗元符元年（1098年）又发布“居养法”，使政府对贫困人群的救济在全国普遍展开。另外，宋朝对城市贫民的救济还包括提供一定的住房补贴。如范祖禹说：“国朝祖宗以来，惠恤孤贫，仁政非一，每遇大雨雪则放公私房钱。”“放公私房钱”就是蠲免公私房租钱。一些贫民临时租借公私房屋居住，冬季时可能因失去工作而无力支付房租，国家为此下诏蠲免房租，使贫民得以安全度过严冬。

元代从至元十九年（1282年）各路建立养济院，对贫困人群进行常规性救济。但在此之前已有对贫困人群的偶然性和常规性救济制度。《元史·食货志》记载有元朝：“鳏寡孤独赈贷之制：世祖中统元年，首诏天下，鳏寡孤独废疾不能自存之人，天民之无告者也，命所在官司，以粮赡之。至元元年，又诏病者给药，贫者给粮。八年，令各路设济众院以居处之，于粮之外，复给以薪。十年，以官吏破除入己，凡粮薪并敕于公厅给散。”值得指出的是，元代“赈贷”一词的含义与其他朝代不同：笔者在灾害救济一节中专门对赈济、赈贷和赈粜进行了分析，指出赈贷是国家有偿救济灾民的措施，即：以低息或者无息的方式向灾民提供实物和资金，主要解决灾民一部分生活资料和生产资料。但元朝在“鳏寡孤独赈贷之制”条目下的所有内容，均为无偿向贫困人群提供救济待遇，因此应该属于赈济或者赈恤。也许古代人认为赈和贷都是向贫困人群提供救济，并不需要严格区分是以无偿的形式还是有偿的形式提供救济。

《明史》虽为清朝人撰写，但对明朝政策的评价很公允，《食货志》特别指出：[①]明朝“立法多右贫抑富”。这与其开国皇帝朱元璋出身贫寒直接有关。明朝从洪武元年起，即在全国设置养济院，对贫困人群实施集中常规性救济，“收无告者，月给粮。”宣德元年十一月戊戌，宣宗对顺天府尹王骥等曰：[②]“自古仁政必先鳏寡孤独，朝廷设养济院意正如此，近闻京师皮有残疾饥寒无依之行乞，尔为亲民之官，保得谩不加省？其悉收入养济院，毋令失所。”

不仅养济院的日常支出由政府承担，而且对养济院内收养的人口，国家也常常有额外的救济措施，“即今暂于顺便寺观内京仓米煮饭，日给二餐，器皿、柴薪、蔬菜之属，从府县设法措办，有疾者，拨医调治，病故者，给以棺木，务使鳏、寡、孤、独得沾实惠。”再如：成化十年（1474年）九月丁

① 节选自《明史·食货一》。
② 节选自《明实录》。

巳，政府向居住在大兴、宛平两县养济院中的孤老和贫穷者2966人各提供一匹布的待遇。后又“设漏泽园葬贫民。天下府州县立义冢。”到弘治十五年之后，养济院和漏泽园的设置已经逐步推广到边远地区，遍及全国。无论是养济院、还是漏泽园都是明朝常设的贫困救济机构，各项开支有统一标准，由政府负担，并派专人进行管理。

清朝对贫困人群救济的全国性常设机构有：养济院、漏泽园、留养局；在京师有五城粥厂、栖流所。顺治元年设置养济院之后，又于八年（1651年）八月，令各地依据明代养济院的做法进行管理，①“诏各省府州卫所旧有养济院皆有额设米粮，该部通行设立给养，该道官府从实稽查，俾沾实惠”。这里的“旧有”就是指明朝养济院制度的各种规定。

清政府的这一政策目的，在于尽快使养济院的功能和作用得以发挥。这也与清初期统治者希望尽快实现民族融合、达到社会稳定的目的相吻合。清朝各代皇帝对养济院的建立和完善都颇为重视，不断督促地方政府对各地养济院进行修建和维护。漏泽园，即清朝沿袭前朝也建立公共墓地。清朝顺治九年（公元1652年）始建，之后推广到全国各地。由政府划拨官有空闲地作为义冢，凡死后家人无力埋葬或者是无亲友故人埋葬者都可以由官府将其埋入义冢。古人重安葬，如果无力埋葬亲人，视为极贫困者。政府助葬是对贫困人群救济的重要措施。

京师粥厂，又称饭厂，是政府为京城冬春季无处就食的

③ 节选自《顺治朝实录》。

贫民而设的救济机构。施粥作为临时性救济流民的措施，笔者已于前章做过分析。清朝的粥厂虽然也是向贫民提供粥食，但已经不是在大批流民出现时再开设的临时性“粥摊”，而是有固定时间、固定地点、专门机构人员管理的“粥厂”，因此笔者认为它应该属于政府常规性贫困救济措施。清朝最早的政府粥厂于顺治七年（1650年）开设。后由于在京师五城各设饭厂一所，所以又称京师五城粥厂。其后又多有增设，并推广到其他大城市。一般每年从农历十月至次年三月，煮粥赈济饥民。对稳定京师的社会秩序、保障贫民安全度过冬春起到至关重要的作用。

清朝还在京师五城设栖流所，《大清律例》规定：“京师五城各设栖流所一处，安顿贫病流民。其修理房屋工料及衣食药饵之资，每年每城动支户部库银二百两备用。如有不敷，许其赴部具领，如或有余，留于下年备用。该城御史督率司坊等官，实心办理，如有虚冒侵蚀等弊，照例交部治罪。”可见，栖流所为流落到京城的无家可归者提供维持生存的饮食、医药和居住救济待遇。每年政府拨付经费，有专门人员进行管理，对进入栖流所的贫民“日给钱米有差；隆冬酌给棉被，所拥一人扶持之；病故者给棺以瘗，标识其处，以待其家访寻者，其费由部关支。”京师以外的栖流所设置比较少，乾隆九年（1744年），政府曾经对云南的栖流所职能做出规定，为“收养路过贫病之人。”

在京师以外地区也有类似栖流所的救济机构，但在名称上有所不同，称为“留养局”。乾隆二十八年（1763年），政府命“直属州设留养局收恤老弱贫民，其外来流移贫民例无给赈者，准一体入局留养。”留养局虽然是为救济流民设置的常规性救济机构，但并不是全年开放。其制度类似于宋代对乞丐的收养，一般为每年十月底开始收留贫民，至第二年二月止。留养局有固定的专用房屋，负责向流民提供维持生存的基本物品。

总之，这些政府对贫困人群采取的救济措施，虽然在各个朝代的力度有所区别，但都能够减轻贫困人群的生活、生存压力，进而在一定程度上缓解了社会成员与统治集团的矛盾。

二、日常贫困救济标准

日常贫困救济标准指政府在发放救济待遇时按照人口或者人次提供的款物数量。根据日常贫困救济的方式不同，救济的标准有很大差别。

(一) 临时性救济办法。古代政府对贫困人群的救济往往采取以皇帝“诏令”赐予的形式提供。这也是当代很多学者非常强调“赐”是一种“恩给”，不是社会成员应该享有的权利，所以不能称之为社会保障的重要原因。但笔者认为：应该用历史唯物主义的观点看待封建社会各成员之间的政治关系。“赐”与“给”的主从关系的确不同，但我们要求封建时期的君主给予贫民社会保障的权利是超越历史的幻想，能够为贫民提供一定的救济待遇就是君主和封建国家履行职能和义务的实际行动。

(二) 对史料进行归纳汇总，对贫民的救济标准大体一致。

在历史上，一次性向贫民提供救济的口粮标准大致三斛至五斛不等。

汉光武帝建武二十九年（公元53年）春二月，“庚申，赐天下男子爵，人二级；鳏、寡、孤、独、笃癃、贫不能自存者粟，人五斛。”三十年五月（公元54年）再“赐天下男子爵，人二级；鳏、寡、孤、独、笃癃、贫不能自存者粟，人五斛。”而在三十一年夏五月（公元54年）又有“戊辰，赐天下男子爵，人二级；鳏、寡、孤、独、笃癃、贫不能自存者粟，人六斛。”的记载。

汉明帝永平三年（公元60年），“赐天下男子爵，人二级，鳏、寡、孤、独、笃、癃、贫不能自存者粟，人五斛。”汉朝的标准大致如此。

三国魏晋南北朝时期，西晋武帝泰始元年（公元265年）有赐“鳏寡孤独不能自存者谷，人五斛。”的记载。东晋穆帝升平五年（361年）春正月戊戌，“大赦，赐鳏寡孤独不能自存者，人米五斛。”

哀帝隆和元年（362年）冬十月“赐贫乏者米，人五斛”废帝太和六年（371年）夏四月“赐穷独米，人五斛。”

晋简文帝咸安元年（371年）十一月“增文武位二等，孝顺忠贞鳏寡孤独米人五斛。”

孝武帝宁康三年（375年）十二月，皇太后诏：“其赐百姓穷者米，人五斛。”太元五年（380年）六月甲子，又“以比岁荒俭，大赦，自太元三年以前逋租宿债皆蠲除之，其鳏寡穷独孤老不能自存者，人赐米五斛”。安帝义熙元年（405年），也有“赐百官爵二级，鳏寡孤独谷人五斛，大酺五日。”的记载。

两晋的救济标准与汉朝基本相同。

（三）其他人群救济标准。《宋书》也记载了南北朝时宋文帝元嘉十年（433年）二十六年（449年）和三十年（453年）都有对高年、鳏寡、孤老（幼）、六疾不能自存者，人赐谷五斛的事例。孝武帝大明六年（462年）春正月辛卯，又宣布："大赦天下。孝子、顺孙、义夫、悌弟，赐爵一级，慈姑、节妇及孤老、六疾、赐帛五匹，谷十斛。"南齐高帝建元元年（479年），"鳏寡孤独不能自存者谷人五斛。"太和十七年（493年）秋七月癸丑诏"赐鳏寡孤独不能自存者，人粟五斛。"梁朝太祖高皇帝萧道成"鳏寡孤独不能自存者，赐谷五斛，府州所领，亦同荡然。"

唐朝太宗贞观十五年（641年）四月乙未，也有"赐民八十以上物，惸独鳏寡疾病不能自存者米二斛。"的记载。

《宋会要辑稿》也记述了南宋孝宗隆兴二年（1164年）十二月，临安府奉诏赈济城内外"饥贫别无经营之家及流移人"半月的事，规定的救济标准是：大人每口1斗5升，小儿减半。后附近乡村及毗邻州县饥贫人户闻知此消息后，"趁势前来陈乞支请"。政府虽然也进行了救济，但标准有所改变：每大人日支米一升，钱一十文足，小儿减半。

金朝章宗即位初（1190年），即诏："赐鳏寡孤独人绢一匹、米两石。"通观一次性对贫民口粮的救济，大致是米两斛（石）；谷和粟三或者五斛（石）；最高标准为十斛（石），应该是特例。古人一般以成人每人每日两升米为标准量，但按照宋朝贫困救济的日标准也可知，政府在款物有限的情况下，救济灾民时往往每人每日赈给一升。对贫民的救济，因为是日常救济，应该比对灾民救济的勉强维持生存标准略高。因此，一次性的赐予标准，取常量或者说均量五斛（石），也只有一个人二十五天至五十天的口粮。

（四）一次性布帛的救济标准。一次性对贫民救济的物品，除口粮外即是布帛。主要是为贫民提供平时衣着和过冬衣被。

汉代的赐帛一般对“贞妇”，实际上就是对“寡妇”的救济。安帝（107年–125年）和桓帝（147年–167年）曾经多次赐给寡妇帛，人1匹至3匹。顺帝永建四年（129年），有对“鳏寡孤独、笃癃、不能自存者赐帛，人一匹”的记载。

魏晋南北朝时期，西晋惠帝永平元年（291年）五月曾经有“除天下户调丝绢，赐孝悌、高年、鳏寡、力田者帛，人三匹”的诏令。永兴元年（304年）“河间王颙表请立成都王颖为太弟。……大赦，赐鳏寡、高年帛三匹，大酺五日”。晋明帝太宁三年（325年）三月，“戊辰，立皇子（司马）衍为皇太子，大赦，增文武位二等，大酺三日，赐鳏寡孤独帛，人二匹。”随后晋成帝即位（325年），诏令：“赐鳏寡孤老帛，人二匹”。北魏献文帝皇兴元年（467年）九月，“诏赐六镇贫人布，人三匹。”孝明帝神龟元年（518年）正月壬申，诏曰：“鳏寡孤独不能自存者，赐粟五斛，帛二匹。”金朝熙宗完颜亶皇统元年（1141年）九月戊申，“诏赐鳏寡孤独不能自存者，人绢二疋，絮三斤”。

总之，对贫民布帛的救济标准以一次性提供二匹居多，个别时为一匹或者三匹。按照《汉书·食货志下》“布帛广二尺二寸为幅，长四丈为匹”的说法，两匹布帛可缝制成人棉衣一身、单衣两身（或者棉衣两身）。

金朝加赐絮三斤正是满足贫民缝制过冬棉衣的需要。这些救济对常常衣不遮体的贫困者来说，无疑可以解决一定的生活困难。

总之，在我国漫长的古代社会，虽然各个朝代的不同时期，在救助对象、救助内容和救助标准方面略有不同，但每个朝代的政权都不能忽视社会最底层百姓的生存权，如果最高统治者敢于冲破这一底线，最高统治者也将走向灭亡——这也是日常贫困救济成为现代“最低生活保障制度”而被各国广泛、深入研究的重要原因。

第三节　扶贫救济制度

扶贫帮困、改善民生既是社会主义的本质要求，也是中国传统文化的内在追求。从先秦《周礼》的“荒政十二策”，到南宋的《救荒活民书》，再到清代的《荒政辑要》，中国古代在贫困救助方面积累了丰富经验。对其进行梳理总结，可以作为今天的借鉴。

剥削制度下，社会贫困现象的存在是必然的，对生活在社会最底层的，丧失家庭和自我保障能力的贫困群众的救济，同样是维护社会稳定的重要条件。所以在中国历史上，对贫困者的社会救济，也一直是国家采取的一项社会政策。

早在西周时期，就有所谓的“保息六政”。据《周礼·地官司徒》记载，周“以保息六养万民：一曰慈幼，二曰养老，三曰赈穷，四曰恤贫，五曰宽疾，六曰安富。”这里包括了对幼、老、穷、贫、疾等多种救济，一般认为这是中国实行系统的社会救济政策的开端。

自秦汉至隋唐，社会贫困救济一般都由朝廷诏令实施，如汉代皇帝下诏用谷物、织物等救济弧寡病疾者就达24次，但还无定制及常设机构。救济方法有发放救济物资；假民公田，供贫民生产；给贫民赈贷等。

从宋代起，开始出现了常设的社会性救济机构，使社会救济进一步制度化，宋代创设的社会性救济机构有：居养院、安济坊、漏泽园等。居养院是官府设置的，收养流浪者的救济机构。对“道路遇寒僵仆之人及无衣丐者，许送近便居养院，给钱米救济。”安济坊是官府设置的收容及医治贫民患病者的救济机构，宋崇宁元年（1102年），“八月置济坊养贫病者，仍令诸郡具并置，”“安济坊钱米依居养法，医药如旧制。”漏泽园是官府设置的贫民公墓。

在政府兴办救济机构的同时，还出现了封建土大夫，地方土绅兴办的义庄。义庄一般为家族共有，所得田租，除用于祭祖外，主要用于救济本族的贫困族人，如施粥、施医药、施棺等，还用于办学或资助本族子弟读书应举。最早见诸记载的是，北宋著名的政治家文学家范仲淹在苏州所办的义庄，庄内还没有养老室、恤嫠（寡妇）室、育婴室、养疴室、严教室、读书室等，俨然是个社区性的综合救济机构。

中原王朝的社会救济政策与机构设置对少数民族政权也产生了深刻的影响，金朝在占据北方后，也设置了普济院，救济贫民，并首创了“粥厂”制。元王朝建立后，进一步发展了宋代的济贫政策与设施。除设置了收养一般的“诸鳏寡孤独，老弱残疾，穷而无告者”的养济院外，还设有济众院，以收养鳏寡孤独的残疾人为主。元世祖中统元年（1260年）“首诏天下，鳏寡孤独废疾不能自存之人，天民之无告者也，命所在官司，以粮赡之”。另外还设惠民医局，主要负责给贫病、孤残者施医施药。除设置救济机构外，还给孤老衣食房舍，向贫民赈贷，收容遣送流民等措施。特别值得一提的是元代社会已认识到，那些贫病孤残者是“天民之无告者也”。因此，元王朝在制度上规定：对“应收养而未收养，不应收养而收养者，罪其守宰，按治官常纠察之”这种把社会贫弱救济看作官府司命的一项职责，地方官在社会救济事业上失职，要按罪处罚的做法，是中国古代社会性保障政策与实践中的一大进步。另一方面，这也表明，元代民族矛盾，阶级矛盾尖锐，社会贫困现象很普遍，而应收养的未收养，不应收养的倒收养了的弊政甚多，社会救济的实效可想而知。

到明代，粥厂、养济院、惠民药局、漏泽园等设置更为普遍。清代继承明制，在各地设立施粥厂、施医局、清节堂(寡妇堂)、埋葬局等救济机构，在京师还设立栖流所，收养孤老和贫病流民等。

中国古代的贫困救济是历代王朝的一项常策，措施名目也很多。在剥削制度下，这种救济并不能使社会的贫病孤残者真正摆脱困境，但它也在一定程度上缓和了社会矛盾，发挥着稳定社会的积极作用，并创造了许多可为后世借鉴的政策与办法。

一、关于对贫民的赈济

中国历代封建统治者在赈济贫民方面也有许多举措。

如汉代有些皇帝常以郡国公田假贫民耕种，并赈贷种食，随后又下令所贷种食无需回收。

宋代没人的户绝田，原先都由官府出售。宋仁宗时，枢密使韩琦奏请把没人的户绝田募人佃种，把田租贮存起来，用于救济州县郭内之老幼贫疾不能自存者，称为广惠仓。

元世祖忽必烈采用汉法统治，多次下令发官仓赈济饥民，甚至还发官钞。如至元十四年（1277年）赈东平、济南等郡饥民米21617石、粟28613石、钞130定；次年赈奉圣州及彰德等处，饥民米80890石、粟36040石、钞24880定（《新元史·食货十三》）。明太祖设养济院，收养无依无靠的贫民，诏谕户部："自今凡岁饥，先发仓庾以贷，然后闻，著为令。"（《明史·食货二·赋役》）他在位30余年，用于赈济贫民的布钞数百万，米百余万石。清代府州县俱建常平仓，乡村设社仓，市镇设义仓。康熙帝令常平仓留本州备赈，义仓、社仓留本村镇备赈，又多次令截漕粮赈济灾民。

二、扶贫思路与贫困人口认定

（一）在贫困人口的认定与扶持方面，古人在综合考察与分类定级的基础上，根据不同情况给予不同的扶持。古人对贫困的认定，一般是对收入来源、财产状况、家庭劳动力等因素进行综合考量，以此进行分类定级。如清代汪志伊在《荒政辑要》中将"产微力薄，家无担石，或户倾业废，孤寡老弱，鹄面鸠形，朝不谋夕者"定为极贫，将"田虽被灾，盖藏未尽，或有微业可营，尚非急不及待者"定为次贫。对不同程度的贫困者给予不同的救济扶助，如明代林希元《荒政丛言》提出"极贫之民便赈米，次贫之民便赈钱，稍贫之民便转贷"。在当代，我国扶贫开发过去主要是瞄准区域，大多没有识别到户，尽管成效显著，但随着扶贫工作的深入，其"粗放"弊端开始显现。今天我们实施的精准扶贫，就是在精准识别的基础上精准发力，实现由"大水漫灌"向"精准滴灌"转变。

精准扶贫的前提在于对贫困人口的生活状况、致贫原因等因素进行深入了解与分析，进而因地制宜、因户施策、分类扶持，提高扶贫的针对性与实效性。古人对贫困人口进行综合考察、分类定级、分类扶持的做法，值得今天参考与借鉴。

（二）在扶贫方式上，古人在坚持政府主导的同时，也注重调动民间力量。宋代以前，救助贫困人口一般以政府为主，如汉律规定国家需向“贫不能自存者”提供救助。到了宋代，国家开始注重采用经济手段、调动民间力量参与扶贫救助，如采用招商赈济、以工代赈等方式。除此之外，宋代还鼓励民间互助，动员富户救助贫户，并设立“纳粟补官”制度，对参与扶贫的富户奖以荣誉称号。可见，古人在扶贫实践中已经认识到政府与民间力量配合的重要性。在当代，由政府主导扶贫具有必然性，因为这样能够运用国家的行政力量与财政实力，推动扶贫工作迅速开展。但同时也应注重鼓励和调动民营企业、社会组织等社会力量参与，充分发挥市场机制配置资源的优势，通过税费减免等鼓励措施，促进社会帮扶资源与精准扶贫有效对接，激发贫困地区的发展潜能，推动这些地区由被动“输血”走向主动“造血”。

（三）在扶贫思路上，古人在注重临时性救助的同时，也注重系统性扶持。仍以宋代为例。政府除了在自然灾害之后开展临时性救助，还从百姓日常生产生活实际出发，制定系统性扶持办法，从财政、民政乃至军政多个层面对贫困人口进行帮扶。如每逢冬春时节，政府一般会向贫民赐钱、赐衣及赈粜，助其过冬和春耕；对于无力抚养子女的贫民，政府向其发放生育补贴；对于缺乏劳动力的家庭，政府也会免除其部分劳役。虽然这些扶贫实践是传统农业社会的做法，但其系统性扶贫理念值得我们深入思考。扶贫开发是一项系统工程，不仅需要考虑致贫之因、脱贫之法，而且需要考虑长久发展之策，在综合考察基础上制定全面的政策体系。不仅要扶上马，还要送一程。

三、关于宗族间的救助

中国古代主张同宗子孙摈弃亲疏，对族内之人一视同仁，把族内养老、慈幼和济贫当做一种责任。

东汉崔寔的《四民月令》提到春天要“振赡匮乏，务先九族，自亲者始。无或蕴财，忍人之穷”；到了秋冬要“存问九族孤寡老病不能自存者，分厚彻重，以救其寒”；“同宗有贫窭久丧不堪葬者，则纠合宗人，共与举之”。种暠“悉以赈恤宗族及邑里之贫者”(《后汉书·种暠列传》)。廖扶“知岁荒，乃聚谷数千斛，悉用给宗族姻亲，又敛葬遭疫死亡不能自收者”(《后汉书·方术列传》)。北宋范仲淹在杭州任知州时，在苏州吴县和长洲置田十余顷，将所得租米用来赡养宗族，供给衣食及婚嫁丧葬之用。

元代浙江龙泉汤氏族人子女婚嫁入学和没有收入的老人也都给予钱帛资助。宋元以后，家族和宗族制度有了新的发展。南方各地的许多家族和宗族，大都置有族田，以其收入来开支家族和宗族活动的各项费用，如祭祀、备荒、办学、救济贫困族人等。在中国，以自治的理念，有组织、有制度的扶贫，起自宋代的乡约、社仓，历经元、明、清，到了民国时期，发展出储押农仓和信用合作社制度。这些民间组织，充分动员了社会资源，帮助政府解决贫困的问题。

四、古代扶贫思想对当代启示

扶贫是自治范畴内的一个项目。虽然扶贫是政府不可推诿的责任，但“患难相恤”是人互助互爱精神的表现，因此也是任何有良知的人的责任。无论是乡约、社仓、储押农仓、或合作社，都是前人的尝试和努力，企图透过道德的教化，以发扬患难相恤的精神，借着制度上的改良，以更有效的办法发挥民间的力量来达到这个崇高的目标。

然而，在中国普遍推行了将近二十年的农村村民自治制度和城市里的居民自治制度，却还没有意识到扶贫救恤也是自治的一个很重要的项目。究其因，主要是因为中国的城乡自治组织的产生，其动力并不是来自于社区居民的内在要求，而是政府自上而下做出的一种制度安排。所以，无论是《城市居民委员会组织法》《村民委员会会组织法》这两部国家立法，还是几十部地方立法，以及成千上万的《村民自治章程》，重点都是强调村自治组织要如何维护国家的利益，遵守国家的法律政策。然而，一般自治法规中除了规定要照顾贫苦户外，还缺乏具体的办法来发扬或实践患难相恤的精神。

“官为民计，不若民之自为计”。在前文，我们看到民办的社仓比官办的义仓要灵活和实际，民办的储押农仓也比官办的常平仓要有成效。另外，当代信用合作社的运作，如果能还原其自治的本质，就更能推动地方建设的功能，而非成为大企业或大都市集资的工具。其次，宗族关系的发扬，互助有爱的传统道德思想的推崇，对于扶贫有良好的促进作用。这些例子都说明了以自治的方式来扶贫，效果有时会比官办好。

第四节　税收减免制度

古代中国，赋税是国家的主要财政来源，历代君王都十分重视赋税，因为它不仅关乎一个国家的经济发展，还关乎一个国家国力的强弱。综观中国朝代兴替，大多数朝代以赋税兴，又因赋税亡。励精图治，改革赋税制度，国力强盛起来，横征暴敛，赋税加重，国家走向灭亡，秦朝就是一个很好的例子。

一、赋税制度的意义与影响

赋税制度，是当时社会政治、文化的反应，对当时的社会政治和文化产生重要的影响。研究古代赋税制度，能让我们对古代的经济制度、政治体制、思想文化有一个全面、准确的认识。虽说古代赋税已成历史，但对于今天的我们仍具有借鉴意义，仔细研究不难发现，古代的赋税制度不断完善，已形成一个完整的体系，无论是从其内部结构还是外部框架来看，对现在的我们仍具有十分重要的积极影响。笔者希望能在总结各朝代赋税制度的基础上，总结出一些规律，帮助我们能够更好地理解古代赋税制度。

对中国古代赋税制度的研究多以国内研究为主，当然也有不乏国外的历史学家、社会学家等。当然对其研究，对于当今社会很多方面有借鉴意义，例如税制改革方面，应充分考虑国内的政治制度和经济制度背景，改革方向必须坚持公平、简化的主导思想等。研究中国古代赋税制度，就必须了解“赋税”一词的含义，中国赋税指田赋及各种捐税的总称，依照法律或习俗征收的款项，尤指应付给政府的费用。中国赋税制度的形成与中国独特的国情密切相关，例如国土集中等独特的自然环境、“溥天之下，莫非王土；率土之滨，莫非王臣”的文化认同，男耕女织的小农经济等。这或许是中国古代能形成比世界上许多国家先进的赋税制度原因。

(一) 各个时期的税收制度发展。

1. 商周起始：中国古代赋税制度的雏形多认为渐成于商周时期，西周实行“分封制”，分封各诸侯国，诸侯国必须为周王履行的义务中就有缴纳贡赋，各诸侯国在自己的领地内再分封，当时，赋税多以人丁为计算标准。周朝的分封制在一定程度上促使了赋税制度的形成，这一时期，不仅对中国的政治制度产生重要的影响，还对中国的经济制度就包括赋税制度产生深远影响。

2. 春秋时期的发展：春秋时期，礼崩乐坏，分封制土崩瓦解，井田制也随之消亡，自周朝形成的赋税制度也得到了很大的改变。后期的鲁国实行初税亩，私田合法，大量的土地得到开垦，但国家掌控的土地却没有增加，国家赋税收入，财政收入也没有提高，于是统治者规定，无论公田、私田，一律按亩收税，以免土地资源和国家财富的流失。

这个决策不仅使统治者集权水平得到提高，还使国家财政收入增加。初税亩中还以土地好坏为征税的又一标准，为后世差别收税提供了蓝本，对后世产生积极影响。赋税制度在这一阶段得到发展。战国时期，群雄争霸，烽烟四起，征战频繁，为了获得更多的财力支撑，赋税在这一时期空前繁重，“轻赋税而肥籍籍敛”在此时尤为突出，赋税的弊端也在此处凸显。为了增强自己的国力，横征暴敛，农民苦不堪言，如此恶性循环下去。

秦国的商鞅，“为田，开阡陌封疆，而赋税平”，土地私有制度得到确立，是税收由初级阶段向高级阶段发展的标志。正是因为清醒地认识到了赋税对一个国家的负面影响，没有重蹈其他国家的覆辙，而使秦国国力逐步超过其他国家。秦始皇时，让百姓自己申报土地，载于户籍，国家依户籍征发赋税余徭役，封建社会完整的赋税制度在此正式形成。这一阶段的赋税在很大程度上的确增加了政府财政收入，但并不表明这一时期农民负担的减轻，除田租外还有口税、杂税等，其中人口税及各种杂税远比田赋重得多，是这一时期的赋税特点。沉重的赋税又加剧了朝代的短命。这一阶段的赋税制度跌宕起伏，并没有影响赋税制度的继续向前发展。

（二）魏晋南北朝的平稳发展。曹魏的赋税制度是：“其收田租亩四升，户出绢二匹、绵二斤而已，他不得擅兴发。郡国守相，明检察之，无令强民有所隐藏，而弱民兼赋也。”这一阶段的赋税制度有两个特点，一是土地税按亩计算，二是户口税由征收钱币改为征收实物。主要盛行于魏晋南北朝时期的租调制，前提是实行均田制（按人口分配国家掌握的土地）。受田农每年交纳一定数量的租、调，这是由当时商品货币关系减弱以及纺织业的兴起所决定的。这与当时的社会环境有很大的关系，这也就恰恰证明了，赋税制度是当时社会政治制度、经济制度的反应。

（三）隋唐时期的一次飞跃。隋朝和唐朝前期实行的租庸调制不同于魏晋时期的租调制，其保证了农民的劳动时间，有利于农业生产的发展。租庸调制是对唐以前我国两千多年来各朝代所实行的实物税的总结，并有一定的创新。“丁男一床，租粟三石，桑土调以绢、絁，麻土以布绢。絁以疋，加绵三两。布以端，加麻三斤。单丁及仆隶各半之。未受地者皆不课。有品爵及孝子顺孙义夫节妇，并免课役。”这是隋朝时典型的赋税制度。唐朝后期为了解决财政危机，实行了“两税法”，按土地和财产的多少，分为夏秋两季征税，扩大了纳税的对象，增加了政府财政收入，一定程度上减轻了农民的负担。

它开始改变自周朝以人丁为主的征税标准，标志着对劳役地租这种最落后的赋税形式的否定，是我国赋税制度的一次重大改革。这次改革不仅为唐朝实现国力前所未有提高，出现“开元盛世”，“贞观之治”等局面，促使唐朝的商品贸易、自然经济的快速发展，还为后世积累了宝贵的经验。当生产关系不能甚至是阻碍生产力发展时，改革显得尤为重要，就像此次的赋税改革一样。

两税法是我国赋税制度的一大变化，对巩固政权起了一定的作用。但两税法不可能缓和尖锐的阶级矛盾，因而不可能从根本上挽救唐朝的统治危机。北宋时期的又一次飞跃是王安石变法，其推行的“募役法”收取免役钱，限制了地主的特权，在一定程度上显示了我国赋税改革是以公平、简化为主线，彰显了赋税这一国家主要财政来源对于主题的公正性。“方田均税法”主张重新丈量全国土地，按亩纳税，增加了封建国家的田赋收入，使国家掌控的土地增加，大量无主荒地得到开垦，农民的收入增加，国库收入大大提高。

(四) 明朝赋税制度初显近代身影。明朝后期社会经济状况发生变化：

①大量土地迅速向地主手中集中。

②商品经济迅速发展。

明初的赋税制度已不适应社会经济的发展和土地占有关系的变化，张居正为了增加财政收入，实行“一条鞭法”，把田赋、徭役和杂税合一，折成银两分摊在田亩上，按人丁和田亩多少收税。

由于触犯了很多利益集团的利益，实行不久就停止了，但改用银两折抵税收的办法保留了下来。“一条鞭法”适应了商品经济发展的需要，促进了农业商品化和资本主义萌芽的发展，这种现象充分说明了如果赋税改革考虑当时的政治制度和经济制度，一定会对当时的经济发展水平起很到大的促进作用。纳银代役、赋役征银的办法，标志着赋税制度由繁到简、由实物地租向货币地租转变。这为后来小农经济瓦解、资本主义出现和发展阶段提供了很好的赋税征收蓝本，促进了我国由小农经济到资本主义萌芽阶段的平稳过渡。

(五)古代最后一次赋税制度的发展。雍正帝时实行的摊丁入亩，把丁税平均摊入田赋中，征收统一的地丁银。它废除了人头税，有利于当时人口的增长和社会经济的发展。“摊丁入亩”简化和税种的稽征的手续，是清代赋税制度的一项重大改革。

顺治十一年(1654)颁布的《赋役全书》，详列了田赋和丁银的缴纳规定和办法。随着历史的进步，封建国家对农民的人身控制程度不断降低，农民有更多的时间和空间去发展商品经济；用银两收税是封建社会后期商品经济发展和资本主义萌芽产生的反映，顺应了历史发展的潮流；对商品收重税说明封建制度统治严重阻碍了资本主义萌芽的发展，但对商品收重税并没有抑制住商品经济的发展，反而使从事商品生产的人为了既能够满足自身生产和生活的需要，又能够缴纳政府不断增加的赋税，生产者不断改善生产方式和生产技术，在一定程度上促进了经济的发展。至清朝的最后一次赋税改革结束后，中国古代赋税改革制度已经宣告结束。

二、对于赋税改革的总结

综观中国古代这六次比较重大的赋税改革不难得出，每一次重大的赋税制度变革都是对之前的赋税制度的修正，使之趋于合理，行之简便。同时，赋税制度的发展越是全面客观，对于民众征收的赋税也会趋于合理性。

赋税改革的原因和动力主要可以分为两类：

①是生产和社会经济的发张。

②是农民的抗争，统治者顺应形势，调整政策。

赋税演变的主要趋势可以概括为收税标准由人丁逐步向田地转变；赋税由实物向货币转变；征税种类由冗杂变得简化；征税时间由不定时变得定时。由于封建社会的局限性，赋税一直是统治者进行阶级统治的财政来源，并未能实际上促进人民生活水平提高。一些统治者在一定时期减轻农民的赋税负担，也完全是为了巩固封建统治以寻求未来能加强剥削。

尽管这样，在历代王朝的不断改革下形成的一套适合封建国家的赋税制度，对促进当时社会生产的发展起过积极作用，其中某些合理有用的部分对我们今天的税收制度改革也具有很多值得借鉴之处。税收改革主观上看似是取决于统治者的意志，但在客观上是取决社会生产力的发展。

三、减轻人民赋税的措施

“税其舍不税其物”，古代也征房产税——唐德宗建中四年“税间架”房产税的征收，是大家比较关心的一个新税种。其实，此税种在古代即有，并不新鲜。房产税的历史源远流长。反映上古周代国政的典籍《礼记·王制》中，即有“市廛而不税”一说，意思是租用公家的店铺则不必再缴营业税。东汉学者郑玄注解：“廛，市物邸舍，税其舍不税其物”，这里的“税其舍”，可以理解为收取房产税。

在汉代，刘彻（武帝）当皇帝时出现了“缗钱税”。此税种起初是对现金，即所谓“缗钱”一类动产征税。后来扩大征收范围，将田地、房宅在内的家庭财产均纳入征税范围，这应该是封建时代“房产税”的滥觞。

东晋时出现了“估税”，由此演变出了后世的契税。所谓“契税”，本是一种商税，东晋将之加以发展，规定田宅、牛马、奴婢等交易均要立契约，根据契约的成交价收税（输估）4%，其中卖方承担3%，买方负担1%。不立契约的零散交易，征收“散估”，税率同为4%，全由卖方承担。单一房产税的正式出现，当在唐代，其税名叫“间架税”。李适（德宗）当皇帝的建中四年（公元783年）六月，朝廷始征税间架。其征收背景是，当时连年用兵，每年的军事费用多达三十余万缗，国家财政缺口很大，时判度支（财政官员）赵赞上奏，建议“税间架”。“间架税”得名于其征税单位和方式，每屋两架为间，按屋的好坏分为三等，上屋征税2000钱，中屋征税1000钱，下屋征收500钱。之后的五代十国时期，后晋少祖石重贵、后周世宗柴荣，均先后开征过“屋税”。

北宋房产税称为“印契钱”，于开宝二年（公元969年）开征。因为当时交易所用契纸，由官府统一印制，故名“印契税”。这是中国“契税”名称的开始，开征之初，就是向典卖田宅对象征收，税率4%。南宋时建炎二年（公元1128年），印契税易名为“钞房定帖钱”。7年后，即绍兴五年（公元1135年），改称“斟合钱”。

南宋房产税的征收，相当严格。绍兴五年（公元1135年）十二月，朝廷下令地方州县印发“户帖”，规定老百姓所有田土房舍等都要估值纳税，并领取“户帖”，粘贴于门牌上，以便稽查，称为“买帖”。

后来，因为估算田宅价值不易操作，干脆以各家各户田宅多少好坏，分出若 干等级，分别交税1000–30000钱不等的房产税。在此基础上，南宋首创了“遗产税”。

元代征收的“房地租”，已与现代的“房产税”税名已非常接近了。“轻税入官”，政策性减税—宋太祖“许民请佃为永业，蠲三岁租”、“税”，在古代中国比较复杂，不同的朝代有不同的叫法和征民手段，“役”“赋”“贡”“助”“彻”“租”“庸”“调”“捐”“算缗”“厘金”等。古代在税收政策上，也有值得称道的地方，会有相应的税收减免政策，以减轻纳税人的负担，恢复和促进生产发展。

减税，是古今纳税人的愿望，也是古今通行惠民政策和做法。减税免税这类“薄税敛”的做法，是古代统治者一贯主张“仁政”的重要内容之一。那么，古代政府是如何从政策上“薄税敛”的？

一般来说，在建国初期，新王朝都会实行减税政策，以利民生、恢复生产力。如在隋朝，隋文帝杨坚便提倡轻徭薄赋，“轻税入官”，积极减轻民间税务负担。开皇二年（公元582年），在前期减税的基础上，朝廷又将田租户应交额降低，并减少了服役天数。接着，还废除了盐、酒官卖制度，停征盐酒税。停征盐酒税，和现代取消农业税一样，是一件了不起的事情。从先秦时起，盐税收入已成国家收入的重要来源。盐是生活必需品，废除盐税、酒税，惠及千家万户，大大减轻了老百姓负担。

宋朝立国后，宋太祖赵匡胤下令，对百姓种桑、枣树，开辟荒田等停征租税。宋太宗赵光义即位后，又诏令全国减免税收：“凡州县旷土，许民请佃为永业，蠲三岁租，三岁外，输三分之一”；同时，还废除工商业的杂税。明太祖朱元璋在减税方面，同样做得很到位。明初，首先降低商业税，改税率为“三十税一”。洪武十三年（1380年）又明令，军民嫁娶丧祭之物，舟车丝布之类，都不再征税。

清朝从顺治时起，便在多地蠲免田赋。玄烨（清圣祖）当皇帝的康熙年间，全国有更多的地方实行田粮赋役蠲免。玄烨在位六十多年中，全国普免、各省轮流蠲免以及区域性蠲免，影响较大的便有30多次。玄烨在位期间，还出现过“天下无税”年。乾隆十年（公元1745年），朝廷将各省钱粮全行蠲免，这样的“天下无税”，在乾隆三十五年、四十三年、五十五年都曾先后实行过；乾隆三十年、四十五年、六十年这三年，各免全国漕粮一次，这在中国税收史上是少见的。

“普天同庆”，临时性减税—汉文帝“勿令民出抑田租”

从古代税收史料来看，古代老百姓税赋“痛苦指数”，确实还是很高的，特别是在不太平的年份。考虑到纳税的疾苦，除了上述政策性减税外，古代政府还有不少临时性的减税手段。

人头税和土地税，是古代政府最大的种税，也是最主要的减免税种。一般在灾歉之年、皇帝行幸之时、重农劝农、鼓励移民之际，朝廷都会在特定范围，给特定对象减免税收。在汉代，减免税收是朝廷经常性使用的惠民、救荒手段。刘费陵（汉昭帝）主政的始元二年（公元前85年）是个灾年，《汉书·昭帝纪》记载，当年秋八月，朝廷下诏："往年灾害多，今年蚕麦伤，所赈贷种、食，勿收责，勿令民出抑田租。"在古代，皇帝外出巡幸，一般也多会减免税收，让当地老百姓"高兴一下"，对皇帝感恩戴德。《汉书·文帝纪》记载，前公元177年，汉文帝刘恒从甘泉"幸太原"。

刘恒在太原停留游玩了10多天，高兴之余，"复晋阳、中都民三岁租"。意思是，免了晋阳、中都两地老百姓3年税赋。新皇登基、皇帝、皇后过生日、立太子、现瑞象等重大"喜气"的日子，在大赦天下的同时，朝廷也动辄减免税收，实现"普天同庆"。《后汉书·祭祀志上》记载，东汉刘秀（光武帝）当皇帝的建武三十二年（公元56年）四月份，改元"建武中元"元年，大赦天下，博、奉高、嬴三地，不用上缴当年的租粮和畜草。

类似汉代这样"赈灾"式、"普天同庆"式的临时税收减免方式，一直到清末都还在实行，并影响到现代税政。"大索貌阅"，古代税收大检查——汉武帝"令民告缗者以其半与之"对于现代不时会发生的偷漏税和拖欠不缴行为，在古代也常见。相应的，古代对之惩罚也重。西汉末王莽建立的新朝政府，在征收"贡税"时，采取自行申报征收，如隐瞒真实收入，一旦被查出来，将被没收全部经营收入，还要罚做苦力一年，此即《汉书·食货志下》中所谓，"敢不自占、自占不以实者，尽没入所采取，而作县官一岁。”隋初减税幅度很大，为了保证国家财政收支平衡，隋文帝开展了一场全国范围内的税收大检查，时称“大索貌阅”。所谓“大索”即大检查；“貌阅”，即实地核查户口，以严堵漏逃税赋。唐代征收的“间架税”，对于那些房产多的人家说，税负很重，所交的税金动辄数百缗，所以不时有人冒险隐瞒不报、少报，以偷逃税款。朝廷为此出台税政，如果敢隐匿一间不报者，“杖六十”。为及时发现偷漏税行为，政策出台了奖励办法，举报人可以得到五十缗“奖金”。唐代这种“奖励政策”，并非唐朝首创，乃汉武帝刘彻的发明。刘彻在推出“缗钱税”后，紧跟着颁布了一道《告缗令》，此令的中心意思就是以物质奖励的形式，鼓励民间举报偷逃税行为。查实后，被举报人的财产一半归举报人，此即《汉书·武帝纪》中所说的，“令民告缗者以其半与之”。“告缗令”，可以说是中国税收史上有明确记载的、最早的一次“税收大检查”通知。宋朝规定，田赋逾期缴纳的，按欠税处理。

从实际征收情况来看，宋代逃税情况较严重，这在南宋时期尤为明显。当时民间对付征税的办法是交易双方私立契约，不向官府报税，时称“白契”现象。“白契”行为实乃民间无奈之举。以房契税来说，税率从起初的4%，逐次增至6%、10%、11%，到绍兴十七年（公元1147年），税率竟然高达17%以上。老百姓不堪重负，只好逃税。针对“白契”现象，南宋也曾进行税收大检查，称为“括白契”。大检查中，要求公民自行申报纳税，隐瞒不报、偷漏税者，一旦查到，将没收其偷逃田房产总价的三分之一。同样的，元朝对偷漏税者处罚也很重。比如商税，元政府规定，凡隐匿税课者，物资一半没官。偷漏者一旦被发现，“犯者笞五十”。同样的，出于鼓励举报人的考虑，被没收财物的50%，作为奖金奖给举报人。

第五节 教育培训制度

据历史文献记载，中国古代教育的起源可以追溯到传说中的伏羲、神农、黄帝、尧舜、禹时代。最初的教育与生产劳动密切相关，传说中的伏羲、神农、黄帝、尧、舜、禹等都亲自教育人民如何劳动和生存。黄帝的妻子还教人们养蚕、织衣服。下面按照时代先后介绍古代教育机构和选士制度。

一、夏商周教育的兴起

夏、商、周三代，开始有了专门的教育机构。据古籍记载，早在夏朝，就有了学校。西周时，学校分国学（国家官学）、乡学（地方官学）。天子所设大学叫“辟雍”（商周时是中央高等学府又是祭祀场所），各诸侯国所设大学叫“泮宫”（学校前半环雨水而得名，西周时代由于各种学校前建筑水池而得名，这种学校建筑形势曾为后代王朝所采用明清两代还在泮宫供奉孔子遗像供书生参拜）。一般说来，只有贵族子弟才能入国学，平民子弟只能入乡学，奴隶子女没有入学资格。当时的教学内容有：礼、乐、射、御、书、数六艺。

二、春秋战国的私学

春秋战国时期，随着贵族社会制度的崩溃，赖以生存的官学一度衰落。社会对新型文化的教育需要为私学的产生创造了契机。当时产生了一批学识渊博、充满智慧的私学大师。如孔子、孟子、墨子、荀子等，不仅在《论语》《孟子》《墨子》《荀子》等典籍中记载了大量的教育资料，还出现了像《礼记·学记》《礼记·大学》《荀子·劝学》等教育专著。当时，孔子提出“有教无类”的主张，广收门徒，只要能交纳“束”(干肉)履行入学礼节，不问来者出身贵贱，一律施教。因此，他创设的私学规模愈来愈大。有“弟子三千，贤士七十有二”之美称。春秋战国时私学的发达，使学校教育开始走上官学、私学并存的二元化轨道。

三、汉代官学

汉代官学分为中央官学和地方官学两类。中央官学主要是太学(太学时最早的官办大学，汉代太学取代了商周似的辟雍。西汉的辟雍仅保留祭祀功能)。西汉时期的太学规模宏大，档次较高。汉武帝元朔五年开创太学，设在京师长安的西北城郊，规模相当可观。太学作为中国当时最高学府，与西方的雅典大学、亚历山大尼亚大学等同为世界上最古老的高等学校。太学的教师是五经博士，博士中的领袖叫仆射，学生叫“博士弟子”。西汉平帝元始四年为太学扩建校舍，能容纳万人。东汉太学学生最盛时曾达三万多人。在洛阳有汉太学遗址，另外汉代的私学也很发达，有压倒官学之势，学生人数远远超过太学。汉代凡未从政或罢官还乡或得不到博士机会的经学大师都从事私人讲学，收徒教授，人数之多曾达数百，乃至上千人。如东汉有名经师马融教养诸生，常有千数。就连西汉著名经师大儒董仲舒晚年谢官以后，都在家专门收徒著书讲学。汉代不管上官学还是上私学，都以儒家经典为教材，而且不管官学还是私学毕业，都可以求官。

四、汉代的选士制度实行察举制

察举至就是选拔的意思。汉高祖以来既有选举士人举措。汉文帝二年，下诏选士，对各地选上来的士人，经过测试加以任用。汉武帝时，初选考外，又有察举孝廉等举措。孝廉每年察举一次，中选以后，不必考试就可以委任以官。所谓举孝廉，本是选拔官吏的两种科目名。孝，指孝子；廉，指廉洁之士。汉武帝元光元年初，下令各郡国举孝，廉各一人，后来合称为孝廉。汉代的察举结果主要有孝廉、贤良方正、茂才(秀才)。如董仲舒以贤良方正的身份任官职，汉末曹操在二十岁时被地方举为孝廉，后来当了洛阳北部尉。察举制本是选拔推举孝子廉洁之士的制度，但到了东汉末年也出现了假冒作伪、走后门等现象。这种制度与“文革”期间推荐工农兵学员上大学有相似之处。

另外，孝廉中也有假冒的，如有人为了赢得“孝”之名声竟然割下自己腿上的肉给父母吃；有人爬在冰河上，等冰融化了从冰下捕鱼给父母吃。可是一旦被举为孝廉很快就原形毕露了。民间有“举孝廉，父别居”的说法，当了孝廉就不跟父母住一起了。

五、魏晋南北朝的选士制度

除了察举孝廉、贤良方士、秀才仍沿袭两汉旧制外，又增添了“九品中正制”。曹魏时期，曹操曾下达“求贤令人”

提倡“唯才是举”。他的儿子曹丕（魏文帝）开始实行“九品选人法”。就是推选各州士人按才能分别评定为：上上、上中、上下、中上、中中、中下、下上、下中、下下九品（即九等），每十万人举一人，政府按等选用，授以官职。魏文帝后，中正官任用世族豪门担任，所以为世族豪门的子弟开放，一般平民不得进入士流。从此形成了“上品无寒门，下品无世族”的门阀制度，这一制度实行了近400年。隋文帝时废除此制，改行科举制。魏晋南北朝时期，战乱不息，使官学处于时兴时废、若有若无的状态。但总的来说还是中央官学与地方官学并存的。一般说来，这个时期的官学是衰颓的，只有个别朝代或个别地区的地方学校短期内比较发达。晋代中央学制分为国子学和太学两种，前者限五品以上贵族子弟入学，后者为平民子弟所设。南北朝时期，学校教育以北朝为盛，北魏太学也设五经博士，学生为州郡所派。南朝宋文帝时，在京师设立四学：儒学、史学、玄学、文学，史称“四学制”，打破了儒学一统教育的状况，这对后世专科学校的设立及分科教学制度的发展具有开创意义。

总之，九品中正制是魏晋南北朝时为保证世族特权而定的官吏选拔制度，九品实际上是门第高低的标志，成了世族地主操纵政权的工具。

六、隋唐教育的繁盛

唐代的教育十分繁荣，学校教育达到了新的高峰，建立了从中央到地方完备的学制体系。中央设国子监，国子监具有双重性质，既是大学，又是教育行政管理机构（教育部兼大学)，下设国子学、太学、四门学、书学、算学、律学等，此外还有弘文馆、崇文官等，通称“六学二馆”。地方官学、府州县学和专门学校也很发达。唐代出现了律学、书学、算学、医药学、兽医学、天文学、音乐学等专业学校。比如医学又分为医、针、按摩三个专业，医学专业包括体疗(内科)、疮肿(外科)、少小(儿科)、耳目口齿(五官)、角法(拔火罐)五科。针学专业学针灸，按摩专业学按摩治病和正骨术。由于大唐教育先进，吸引了大量周边各国的留学生，比如日本来过十三批留学生，学习经史、法律、礼制、文学、医学等中国文化。当时的大唐长安成为东西方各国文化教育交流的中心。

在选士制度方面，隋唐时期创立影响以后历代乃至现在的科举考试制度，隋文帝时废除自魏晋以来的九品中正制，实行推介的方法选拔官吏，隋炀帝时实行考进士选官吏。唐代取士之法，主要有“生徒法”“贡举法”“制举法”。从京师中央官学和地方学校中选拔在校成绩优秀者，选入京师尚书礼部受试叫“生徒法”，成人先试于州县，及格后再送至京师复试叫“贡举法”。所谓“制举法”，是特种考试，让全国考试中最优秀的状元在京师殿廷应试，以选拔非常之才。武则天时，又兴“武举”。武则天曾亲自出马，在殿前考试武状元，为以后考试状元的制度奠定了基础。唐代科举制度在不同的时期，其科目设置也不尽相同，比较流行的是秀才(试方略五道)、金石(试时务策五道等)，又有书法、算学、诸史、诗歌等时代教育机构选士制度。

七、宋元的国子监和贵族学校

宋代，基本沿袭唐代学校体制，中央在京师设有国子监及贵族学校，地方则设有府州县学，值得一提的是民办学校“书院”。书院名称的出现始于唐代，但唐代的书院多为藏书教书之地，或私人治学隐居之地。真正具有聚徒讲学性质的书院起源于南唐时期的庐山国学，即著名的庐山白鹭洞书院。北宋初年，讲学之风勃起，书院成为著名学者授徒讲学、培养人才之地。当时著名的书院有江西庐山的白鹭洞书院、湖南长沙的岳麓书院、湖南衡阳的石鼓书院、河南商丘的应天府书院、河南登封的嵩阳书院等。

南宋书院的兴盛时期。据统计，宋代共建书院173所，南宋占136所。南宋书院建立了一套严密的组织制度。在教学上形成了鲜明的特色，对后来的书院产生了深远的影响：

(一) 是教学活动与学术研究相结合。

(二) 是教学实行“开放”政策，学生可不受学派的限制，允许学生中途易师。

(三) 是建立“讲会”制度，不同学派的学者可以往来讲学，进行学术交流，使不同的思想出现在同一书院的讲坛上，体现了一定的 (争鸣) 精神。在选士制度上，宋代仍沿袭唐代的科举考试制度，但元代中断科举考试八十余年。

八、元明清三代书院的简况

元代中断科举考试八十余年，教育上成就不大。元代的书院有民办、官办、民办官助等多种形式。元代书院多选址于山林名胜之地，便于与世隔绝，自由讲学。明清两代，书院教育仍有发展。据不完全统计，明代书院达1500所以上，但是明朝中后期相继出现了四次摧毁书院的破坏性行为。最严重的一次是在天启五年（1625年）发生对东林党的大残杀。当时宦官魏忠贤不仅残酷杀害东林党人，而且下令“摧毁天下书院，首及东林”。另一方面，自元代至清末，官方对书院控制日趋严重，加强了财政，思想上的监督。允许书院推荐学生参加科举考试，使官学、书院、科举逐步一体化。书院失去了宋代书院的本来特色。清雍正十一年，清政府下令创办书院，至此，书院开始从幽静的山林向中心城市发展，各省相继建立了书院，直隶保定的莲池书院便建于此时。明代学校，中央有国子监及宗学（贵族学校），地方各级学校也很齐全，府州县学及专门学校已发展到1700余所。学校体制已相当完备，特别需要介绍的是明清两代的蒙学（也称乡校、村学、小学）。蒙学教材多是字书，最著名的《三字经》《百家姓》《千字文》《千家诗》《古文观止》《唐诗三百首》流传广泛，影响很大。据说，前几年联合国教科文基金会组织已经把《三字经》列为世界儿童道德启蒙丛书之一，可见其影响之广。

明清两代的选士制度：仍实行科举考试，考试程序分乡试、会试、殿试三种。乡试选在京城和各省城举行的一次考试。乡试考中者为举人，第一名为解元。如果能够中举，从此可以迈入仕途，并有声名于乡里。《儒林外史》中范进中的就是举人，但他中举后发了疯。会试：每三年在京城举行会试，各省的举人都可以应考。会试第一名为会元。殿试：可以看作是会试后的复试。会试之后，皇帝亲自对会试录取者在殿廷策问的考试，称殿试，殿试第一名称状元。所谓连中三元，就是指乡试的第一名解元，会试第一名会元，殿试第一名状元。明清科举考试的内容，一般有三大类：第一类是经义，出题限于四书五经,(四书是宋代朱熹规定的《论语》《孟子》《大学》《中庸》；五经是《诗》《书》《礼》《易》《春秋》)。文体要用八股。第二类是诏告律令，即应用文，公文之类的写作；第三类是经史时务策，即针对历史或现实事物发表看法提出对策。清光绪三十一年明令废除了科举。自隋唐至清光绪31年，科举制度实行了1300多年。

第六节　医疗保障制度

古代也有免费医疗——不是病人“看医生”而是医生“看病人”。

今天大家有病都会去医院，俗称“看医生”。在古代情况正好相反，那时没有现代的医院，更没有救护车，医生都是上门为病人进行诊疗服务，由病人家属请到家里看病，实际是“看病人”。

如《红楼梦》中，王太医和张太医便常被贾府的人请去看病。第五十一回《薛小妹新编怀古诗，胡庸医乱用虎狼药》中，丫鬟晴雯病了后，出于回避的考虑，贾宝玉叫人请了一个新大夫，“悄悄地从后门来瞧瞧”，不见好后，又差茗烟去请来了王太医。

一、平民看病标准

在中国古代，普通人生病了，也是请医生上门。《红楼梦》第五十三回中，二门口值班的一个小厮（仆人）想偷懒，便对王熙凤的陪房丫头平儿说，“我妈病了，等着我去请大夫，好姑娘，我讨半日假可使的?”

上门医生是不带药品的，往往在诊断后当场开出药方，由病人家属依方另外“抓药”。抓药，就是今天人们到药店买药的过程，因为不像今天医药合在一处，古人去药店买药比现在平常。当然，古人所买的药都是中成药，而无今日的西药。

需要说明的是，古代看病虽然没有“全民医保”的说法，看病难现象突出，但历朝历代也都有相应的免费医疗制度或临时性政策，因贫穷看不起病，或出现瘟疫传染病时，政府都会提供免费医疗服务和药品，药店也都会有自觉的慈善行动。如在宋代，不论是南宋还是北宋，朝廷都有这种“福利制度”，特别是南宋，做得最到位。中国历史上第一家医院“寿安院”，便出现于南宋宝佑年间。这是一家慈善医院，为患者提供全免费医疗服务，治愈了资助返乡，死了负责安葬。

据《宋会要》记载，考虑到夏天是传染病流行的季节，宋高宗在绍兴十六年（1146）六月二十一日曾亲自指示，要求翰林院派4名医官，给都城临安（今天杭州）城内外的老百姓免费巡诊、发放药品，“每岁依次”。

二、统治者对于药物的监管

在宋孝宗时期，特殊时期甚至要求所有医务人员上岗，给首都居民挨家挨户发药。古代药店也有假药——宋代“依伪造条法”惩处。现代未能禁绝的假冒伪劣药品，也困扰着中国古人。为了规范药品的质量，古人也想出不少法子，具有深远影响的手段是颁布药品的国家标准。

在唐代，朝廷曾数次颁布医方，并令各郡、县的行政官员将《广济方》择要写在大板上，公布于村镇要道口，创造性地进行医药卫生知识的普及宣传。在李治（唐高宗）当皇帝的显庆四年（公元659年），还修成并颁行了中国历史上第一部药典《新修本草》，这也是世界上最早的药典。

在此之前，所有药品的成分和剂量都是凭医生个人临床经验和喜好来定的，造成药品的质量和疗效参差不齐。到了宋代，国家对药品质量的管理更趋标准化。宋朝修成并颁行了一部更为完备的国家药典《和剂局方》，对各种方剂所含药物的分量、质量标准以及炮制加工方法，都有一套严格程序和规定。由于药品由公办的医药和剂局依药典配制、生产，药品的质量和数量上都有了保证。

因为医药和剂局的药品质量好，疗效高，老百姓信任，十分好卖。这时候，社会上便出现了冒充惠民和剂局生产的假药。出于易辨认和防止奸商假冒的考虑，当时医药和剂局生产的药品，便在外包装上均盖上相当于现代注册商标的"和剂局记"印记。在强调"24小时售药制度"的同时，南宋朝廷还坚决打击制售假药行为，诏书称，"撰合假药、伪造贴子印记做官药货卖，并依伪造条法。"

同一时期，在与南宋对峙的蒙古人统治的北方地区，假药同样存在。《大元圣政国朝典章·刑部·诸禁》（卷十九）"禁货卖假药"有这样的说法："如今街上多有卖假药，及用米麦诸色包裹，诈装药物出卖的也有。"这种做用米面生产"灵丹妙药"的制假手法，至今不断，当时的皇帝接到报告后很重视，要求相关部门公开颁布禁令，称如果以后再有违反，售卖假药者将依法惩处，重者处死。

三、官员看病标准

史料记载，我国《周礼》中有“医师掌医之政令”的记载，说明了公元前11世纪时西周的医学分科与医事制度。这是我国最早的关于医事活动的法律记录。秦汉以来，随着医药事业不断进步，“医在王官”的制度也随之日益完善。古代的“公务员”们也享受着公费求医问诊的福利。那么，古代京城官吏又有着怎样的公费医疗待遇？

依据官阶不同分层定点医疗。熟悉《红楼梦》的人一定记得这样一个现象：凡荣国府里的主子们生病，照例都是总管房差人去传太医院的王太医或张太医出诊。追根溯源，古代公费医疗在体制上的支撑点，即所谓“医在王官”，就是医药行政、医疗组织和医学教育的主导权，都归政府掌握。这个制度远在西周就已经确立。秦汉以来，医药事业不断进步，“医在王官”的制度日益完善。到了唐宋年间，已经相当成熟。

唐宋规定，凡京师百署官吏、宫廷宦官宫女、南衙卫兵、各边疆民族驻京人员等，看病服药，都找太医署。除了为皇帝嫔妃、诸王公主服务外，禁军官兵的医疗也归它负责。唐代的医药行政，隶属于礼部的祠部掌管，相当于中央卫生总署。另有隶属于太常寺的太医署，相当于中央一级的医学院，兼备医学教育和医疗组织两种功能。以医疗服务的对象看，这些中央级的机构，各有制度划定的对口单位。如唐代制度，凡京师百署官吏、宫廷宦官宫女、南衙卫兵、各边疆民族驻京人员等，看病服药，都找太医署。尚药局除了为皇帝嫔妃、诸王公主服务外，禁军官兵的医疗也归它负责。

以上是京朝官吏享受公费医疗的情况。地方官吏吃药看病，也享有医在王官的体制。仍以唐宋为例，凡州府（宋时又加上“军”一级行政设置）一级，都设有地方一级的医学院，其领导和教师，既是执掌地方医药行政的医官，又是传教医学生的导师，一般多为太医署毕业的学生。地方官吏及地方官办学校的师生患病，就请他们治疗。

至于县一级虽然没有医学院校，但也有县署机关医院。比如，按《续资治通鉴长编》卷三三五记载的北宋制度，县一级的官医配置，是每一万户一至五人，遇缺即补。他们必须是太医院或地方医学院的毕业生，除了从事医疗活动外，还须负责收采药物、指导防疫、验发行医和开设药房的执照、处理医疗事故等一切相关事务。这种体制一直维持到清代。这种县署医院兼医药行政管理的机构，一般多设在州县衙署的大门旁边，或者干脆就是县衙大墙的“破墙开店”，一方面承担县署官吏的公费医疗活动并受理医药行政事务，另一方面也为民众看病，乃至出诊，当然这就要收钱了。

古代各级衙署中除官吏纳入国家编制之外，还有各种杂役庶务，都由农民以徭役的形式充当。按规定，在此进入“公务”范围的特定时期，他们也得享受公费医疗。

《唐律疏议》是我国封建时代的一部很有代表性的法典，其中有许多篇章涉及医疗法制和医疗事故方面的犯罪规定。如第三卷职制律中有合和御药误不符本方的规定：“诸合和御药，误不如本方及封题误者，医绞。料理简择不精者，徒一年。未进御者，各者减一等。”意思是说，凡调制御药用药物，因过失而同原方不符以及书写的煎服说明有错的，医生处绞刑。药物料理时拣选得不精细的，处一年徒刑，未送上服用的，各减一等处罚。合和御药有误而无效或误治，都要将医者处以绞刑，充分体现其维护封建帝王的特权。

四、对于古代医疗保障的评价

(一) 厚此薄彼弊端明显，公费医疗难显公平。高官显要们因有特权可予回报，医官们格外尽力悉心，曲意奉承，一般的官吏有病求医，能不体会厚此薄彼？这又是衙门式公费医疗的一个弊端。宋朝人情处方的问题相当严重，当时太医局属下，有一个专门研制新药的机构和剂局，“凡一剂成，皆为朝士及有力者所得”(《癸辛杂识·别集》)。就是说，和剂局每试制成功一品新药，都被大大小小的京官和“有力者”私分了。据周辉《清波杂志》卷五记，权宦童贯倒台后抄家时，“得剂成理中丸几千斤”，都是贵重紧俏药品。其来路，无非是和剂局、太医局、太府寺等各有关部门和长官们的孝敬，正好暴露出公费医疗千疮百孔的漏洞。

(二) 医生行医标准无法把控。宋代法律规定：“诸医违方诈疗疾病而取财物者，以盗论。”由此又折射出诸如讹诈钱财、收受红包等医德问题，当然受害者多是小人物。因为古代各级衙署中除官吏纳入国家编制之外，还有各种杂役庶务，都由农民以徭役的形式充当。按规定，在此进入“公务”范围的特定时期，他们也得享受公费医疗。如《唐律疏议》卷二九有一则《丁匠防人等疾病》的杂律说：“各类丁夫、匠人在劳作服役期间，戍边防守的人在镇戍边塞期间，官户和奴婢在衙门服劳役期间，如果患病，该管官员不为他们报请治疗，或者虽然已报请，但主管医药的官员不予供给，以致他们缺乏救治医疗的，各处四十笞刑；如果因此而导致死亡的，各处徒刑一年。”

所谓主管医药的官员，就是《金瓶梅》里的任医官之类，很难想象，清河县衙里的更卒马夫或三班丁壮，能够在他那里获得与西门掌刑一样的公费医疗待遇。又前引海瑞《兴革条例》“医官察病症脉理，识药性，以利一县之疾。近多纳银为之，图差遣取利……”花钱通路子买官办医院里的编制，再将本利捞回来，这里面又有多少黑幕呢？

（三）政府行政包办医疗效率低下。国家除包干官吏的医疗之外，一定品级以上的官员，还可经常获得以皇帝名义赐给的各种时令保健防疫药物。许多古文集中，都有《谢赐药表》一类文章，领到恩赐药品后，要照例履行一道上表感谢的手续。这一制度与现在机关和企事业单位定期发放防护药品很相似。由于体制原因，古代的医疗组织不可避免地染上了浓郁的衙门色彩。这种行政包办医疗曾经让一个宰相送命。

北宋哲宗时，已经退下来的老宰相韩绛生病了，太医院医生出诊，当然少不了宦官“陪同”。皇帝听说韩老食欲不振，便说自己正在服用的金液丹可以开胃。“提举翰林医官院”得旨，逐级传达，主治太医敢不遵旨？结果老先生年迈，精气已衰，抵不住金液丹的阳亢，就这样莫名其妙地送了命。衙门式的管理程序和运作机制，客观上抑制了公办医疗的水平提高。隋唐以后，随着私人行医的逐步放开，许多有志于通过广泛实践提高业务能力的医学家，都不肯窝在医官的圈子里。明代李时珍在太医院里仅干了一年便托病辞职，就是著名的一例。

名医走穴从事第二职业成巨富，索取红包，营私走穴……许多太医靠兼办私人诊所成为巨富。以两宋举例，当时太医局属下，有一个专门研制新药的机构和剂局，“凡一剂成，皆为朝士及有力者所得，”就是说，和剂局每试制成功一品新药，都被大大小小的京官私分了。

隋唐以后，随着私人行医的放开，一般医官也允许在当值时间以外“走穴”。《清明上河图》画卷末端，就有“赵太丞家”的私人诊所。所谓太丞，即太医丞，相当于中央医学院副院长，北宋时的官阶是从八品，到南宋时降为正九品。当时很多太医通过搞第二职业成了巨富，反而忽略了本职工作。太医们除了看病之外，还兼卖药，其药品货源，就是官办药局体制内的一个黑洞。偷盗、调包，无所不用其极。宋代法律规定：“诸医违方诈疗疾病而取财物者，以盗论。”由此又折射出诸如讹诈钱财、收受红包等医德问题，当然受害者多是小人物。如此一来，公费医疗的质量明显下降。

（四）公费医疗缓和矛盾，百姓受益。史书《魏书》卷六载，北魏显文帝曾发布诏令：“朕思百姓病苦，民多非命可宣告天下，民有病者，所在官司遣医就家诊视，所需药物任医量给之。”后来魏宣武帝又命太医署，“于闲敞处别立一馆，使京畿内外疾病之徒，咸令居住，严敕医署，分师疗治，考其能否而行赏罚”。笔者寡闻，窃以为这很可能是历史上最早的专门收治贫困患者的国立公费医院。与北朝相对立，南朝齐也设有“六疾馆”，专门收治无钱疗病的穷人。唐代前期，由佛寺创办的“悲田坊”和政府创办的“养病坊”并存，都是免费收治贫困患者的医院，后来悲田坊都由政府接办，统一改称养病坊。

据《唐会要》卷四十九载，这种收容贫民看病的公费医院，遍及各州郡，经费从指定的官田税赋中支出。宋承唐制，继续兴办这类能给贫民提供最低医疗保障的医院，完全由国家财政负担的叫“安济坊”，制度上要求各州县都有一所；此外又鼓励私人集资举办慈善性的医疗机构，叫“养济院”，政府在医疗人员和药物供应等方面给予支持。像这类旨在方便贫民就医、缓和社会矛盾的公费医疗制度，一直到元明时期还继续存在。

总而言之，历代各朝，规模不同的公费医疗和公共药政，结果都难免陷入千疮百孔的泥沼，成为国家财政漏卮的一个大筛子。真正获益的是王公贵族和官僚公务员，而身处社会最底层的纳税人却仍在为高昂的医疗黑洞无休止地买单。

第七节　阶级养老制度

“养老”在古代的礼制中有着相当重要的地位，在长期的社会发展过程中，长幼有序、事亲至孝、敬老崇文、尊贤尚德已成为中华民族传统文化的重要组成部分。根据历史文献记载，历史上不少朝代都曾经以国家的名义制订或颁布过一些有关养老的礼仪、礼遇和法规，形成了我国古代社会独有的养老制度。

古代的养老，有两个方面的涵义，首先是指一种礼制，是各级政府为敬老专门举行的礼仪活动；其次是平时由国家出面，供给高龄老人以服食，照料其生活。

一、养老保障制度的发展

先秦时期的养老，据《礼记·王制》可追溯到远古时代活动在山西省永济县东南的“有虞氏”部落。“凡养老，有虞氏以燕礼，夏后氏以飨礼，殷人以食礼，周人修而兼用之”。燕、飨、食等礼仪都是借祭祀鬼神、先祖之日，以聚宴的形式编排长幼序列，示范敬老之礼节。

(一) 周代礼制逐渐健全完善。周文王大力提倡敬老尊贤，并以身作则，敬伯夷、太公二位长者为上宾，对他们的关怀无微不至，社会敬老之风盛行。最突出的是每年腊月举行的养老大典——乡饮酒之礼。乡饮酒之礼是周代全国性的敬老活动。仪式选择在各级学校举行，这是因为“行养老之礼，必于学。以其为讲明礼义之所也”(《礼记·王制》)，有示范、推广的意思。这种仪式非常隆重，由“地官司”的“党正官”主持，还有公卿大夫前来观礼。事先推举出“乡老”一人为主宾，其他老人为众宾。仪式从邀请主宾开始，到行饮酒之礼结束，谦让、拜谢的礼节十分繁琐，主与宾的一举一动、一言一行以及酒席的设置和器物的摆放都有严格的规定。仪式开始时，主人要迎于庠门之外，“三揖至于阶，三让以宾升”，请六十岁以上的老人上座，以其发言为训，以其行为示范，五十岁以下的站在一旁听候使用。桌子上“六十者三豆，七十者四豆，八十者五豆，九十者六豆”(《礼记·乡饮酒义》)。一豆就是一个菜。席间还有歌唱和乐队伴奏。仪式一般要进行大半天，第二天上午“乡老”还要回拜。公宴的费用统一由国库开支。

那时，养老的对象分为两大类，大夫以上的有德望的退休长者称为国老，普通百姓年长贤德者及烈士父祖为庶老。国老和庶老都是由代表性很强的人物担任。国老、庶老在养老的地点上也有严格的等级区分。“有虞氏养国老于上庠，养庶老于下庠；夏后氏养国老于东序，养庶老于西序；殷人养国老于右学，养庶老于左学；周人养国老于东胶，养庶老于虞庠”(《札记 · 王制》)。庠、序、学、胶均为古代对学校的称谓。上庠、东序、西学、东胶是高等学校(大学)，下庠、西序、左学、虞庠则是低等学校(小学)。

周代，养老制度通常包括以下几个内容：

1. 设置公宴。如民间的乡饮酒之礼和朝廷举办的宴会，宴会上给老人以很高的礼遇；

2. 颁布有关待遇。据《管子》记载，“凡国皆有养老，年七十以上，一子无征，三日有馈肉；八十以上二子无征，日有馈肉；九十以上，举家无征，日有酒肉。劝子弟精膳食，问所欲，求所嗜，此之谓老老”。老老即是敬老的意思，一子无征指一个儿子免除兵役，在家里谋生侍奉老人。

3. 朝廷给国老颁发鸠杖(同王杖、玉杖)。鸠杖是木制黑色，上顶端镶有木雕鸠鸟形状的拐杖(玉雕的称玉杖)，长约2米。鸠，一意为安定，象征老人终身有靠；一意为不噎，鸠鸟食道宽，吞咽顺利，亦祝福老年人吃好吃饱。更重要的还是一种权利和荣誉的象征，类似于现在颁发的荣誉证书，凭此就可以享受一定的待遇。甘肃省博物馆就有出土的汉代实物。为了落实养老的制度，朝廷把养老列入掌管国家教化的地官司的职能范围，具体由专管教育文化的大司徒负责。同时，由专门捕鸟的“罗氏”负责提供鸠鸟给国老补充营养。

(二) 汉高祖孝治天下的法令。汉高祖刘邦统一天下之后，强调以孝治天下，实行了一系列的养老、敬老的优抚政策，这些政策一直持续到魏、晋、南北朝时期。这一时期，在养老制度的贯彻上采取了以下几项措施。

1. 向社会颁布养老的法令：如汉代颁布的“受粥法”中规定，民年九十以上者，不但自己生活有保障，就连他的子、孙、妻、妾也可以得到政府的食物救济，不致使其挨饿；再如，汉代颁布的《王杖诏书》中规定，不论城乡，不分官民，凡七十岁以上者，都可以得到皇帝赐予的手杖。持此杖者，可享受相当于600石俸禄的官吏待遇。

2. 明确养老范围：规定属于社会养老的对象分为四种情况，一是“三老五更”，是子孙为国而死的父祖，三是“致仕”之老，四是“引户校年”。“三老五更”是国家授予的荣誉职称。“三老”为一人，“五更”亦为一人。汉初各乡均有设置，以后发展至县、郡、道直至朝廷。《后汉书》解释说：“三老，老人知天、地、人事者；五更知五行更代之事者。”又说，“名三、五者，取象三辰五星，天所以照明天下者。”总之，是有德、才、望的老年“明星”。汉代基本上是一个行政级别的机构各设一人，比如一个乡设“三老”一人，“五更”一人。

社会养老的其他三种类型，养子孙为国而死的父祖，即是烈士的长辈；“致仕”之老是指退休的官吏；“引户校年”指民间经过普查确定的年高的长者。

三老五更的遴选，强调德行方面的代表性。国家选出的三老五更由皇帝亲批，并在养老仪式上亲自宣布。魏甘露三年，就有这样一道诏书：“夫养老兴教，三代所以树风化，垂不朽也，必有三老五更以崇至教，乞言纳诲，著在惇史，然后六合承流，下观而化。宜简化德行，以充其选。关内侯王详，履仁秉义，雅志淳固。关内侯郑小同温恭孝友、帅礼不忒。其以详为三老，小同为五更。”(《魏书·三少帝记》)

3. 有具体的保障监督措施：皇帝为了使养老的政策能够落到实处，采取了不少切实可行的措施。一是皇帝亲自出面做工作，以命令的形式为老人指定抚养负责人。魏孝文帝时，“太和二十年二月，诒畿(音机，京城所辖地区)内七十以上，暮春赴京师，将行养老之礼。三月宴群臣、国老、庶老于华林园。诏国老黄耇以上，假(凭借、倚靠)中散大夫郡守；耆年以上，假给事中县令；庶老直假郡县”(《魏书·孝文帝记》)。建立相应的监督机制。在发放馈赠物时有官吏监督。“赐物及当禀鬻米者，长吏(县级)阅视，丞若尉致(副职或县尉到场)。不满九十者，啬夫令史(乡官)致。二千石(相当于太守职)遣都吏循行，不称者，督之”(《汉书·文帝记》)。此外，在年初，皇帝还经常派“谒者”(中央掌管这方面事务的官员)到各地巡察养老政策和发放实物的落实情况，之后通报批评。东汉安帝元初四年七月，皇帝针对存在的问题专门下诏书：“仲秋养老，授几杖，行糜粥，方按彼之时，郡县多不奉行，虽有糜粥，糠秕相半，长吏总事，莫有躬亲，甚违诏书养老之意。其务崇仁恕，称朕意面。”(《后汉书·安帝纪》)可见朝廷对贯彻养老制度是十分认真的。

(三) 唐宋时代敬老和崇文并举。国家建立了“文学馆”等文史机构，组织老年学士修史编志，浚学弘文，起草皇帝诏书，协助科举考试等。单纯的养老礼仪也没废除。县一级仍有类似于《乡饮酒之义》的正齿位礼仪。

唐宋年间的养老特点是朝廷赐予老人一定的“虚衔”，使他们享有相应的荣誉和生活待遇。比如贞观年间，许州扶沟的一名高医已有百岁，太宗亲自去察看其住房、饮食，探访其长寿的秘诀，并授予他“散大夫”职务。还有徐州的王希夷，也以九十六岁高龄，被明皇加冕为“散大夫”、“国子博士”。此外，《唐书》中还有由国家出面，为高龄老人配备家庭服务人员的记载，贞观十一年二月，太宗就宣布过给老百姓中百岁以上的老人，每人配备5名服侍人员。

宋代保持了由皇帝出面宴请老人的习俗，称为“观酣”。其余的礼仪与唐代相差无几，比如《宋书》中记载“温州布衣李元老，读书安贫，不事科举，今已百岁，诏补迪功郎致仕，本郡给侍”。这位普通的读书人只因活到百岁，即按官员退休处理，享受配备服务员的待遇。

(四) 明朝老人政权建设。明太祖朱元璋夺取政权后，体察民情，修整礼法，除参照汉代做法，还积极组织老年人参加政权建设。明代的主要做法是：恢复乡饮酒之礼。国家规定，每年正月十五和十月初一举行两次，并把仪礼的过程绘成连环画，下发各地参照执行。此外，在组织乡饮酒之礼时，还把犯过错误的人招来听“律令”，为他们单独划定座位，不许杂于善良之中。

1. 老人在家庭减免赋税、杂役方面享受优厚的待遇：明代规定，七十以上的老人可以留一个孩子在身边，免除各种杂役；八十岁以上每月供米五升，肉五斤，酒三斗；九十岁以上再外加帛一匹。

2. 设置类似于汉代三老五更的“里老”：由汉代的每乡一人发展到每乡五人，明确赋予里老有治理社会、调解民事纠纷的权利，对于社会上的重大事件都要由里老会同乡官处理。

清代，比较典型的敬老活动集中体现在康熙、乾隆年间的“千叟宴”上。这种仪式开始是康熙为了庆祝寿辰，而邀请六十五岁以上在职和退休的文武官员以及全国各地推举的贤德长者二三千人进京赴宴。宴会分汉、满两梯次进行。首先宴请汉族人，隔三日后再宴请八旗中的“满、蒙、汉军”。康熙六十岁生日时，在畅春园举行的汉宴，与宴者“九十岁以上33人；八十岁以上538人；七十岁以上1823人；六十五岁以上者1864人”，盛况空前。

这种仪式后来发展到春节或国庆大典时也视情举行。乾隆五十年大庆，就在乾清宫举行“千叟宴”，与宴者三千人，用柏梁体(众人作连体诗)百人联句。“闽人国子监司业衔(相当于最高学府教导主任)邓钟岳年百三岁，自闽至京赴宴，尤为盛事”(《养吉斋丛录》)。千叟宴的礼遇很高。

(1) 退休官员在千叟宴期间可以着原官服，享受原级别待遇；

(2) 各州县按皇帝的指令，有备车马护送老者进京的责任；

(3) 年高的妇女长者，可享受皇后赐宴的待遇；

(4) 在宴会期间，皇帝与大家共同欢宴，作诗联句，祝寿祈福。宴会后还由朝廷赐送老人礼物，并将老人的名字载入史册。

二、阶层养老保障制度

根据养老对象的阶级划分，可分为天子养老制度、民间养老制度以及官员养老制度。

(一) 天子养老制度。天子养老制度是指政府在中央设立专门的学校，供养老年人中身体健康与知识水平较高者，让他们继续教育下一代。在学校举行养老礼，为社会展现国家队老人尊重崇敬的态度，提高老年人的社会地位。对死者，以及鳏寡者进行供养，经费由国家财政统支付。此外历朝历代还有“赐仗制度”，王子今指出汉朝的受赐者可以享受等同于六百石官员的待遇。天子养老制度不仅保障了部分老年人的物质生活水平，而且还提高了其社会地位。可以说是带有一定的福利性质。

(二) 民间养老制度。政府主导的民间养老保障制度主要通过以下三种手段来执行：

(1) 国君向社会宣扬百姓要尊老爱老，承担起养老的责任。

(2) 通过减免赋税徭役来体现尊敬养老，例如元大德九年二月，“诏老者八十以上，许存侍丁一名，九十以上存侍丁二人，并免杂泛”。

(3) 通过赏赐提供物质生活的保障。一方面国家在举行重大活动时会赏赐钱物给高龄者，例如明朝“洪武十六年天下行养老之政。凡八十以上无过而贫者，月给米五斗，肉五斤，酒三斗；九十以上赐帛一锭，絮一斤。”另一方面，国家通过赐予老年人官爵的方式为其提供较高的生活保障，会赐予小郡板、中县板等官名。

(4) 除上述三种方式外，还有侍丁制度、唐朝的“优先”律令等。

(三) 官员养老制度。官员的养老保障主要体现在致仕制度，古代官员正常退休叫作“致仕”，一般致仕的年龄为七十岁，有疾患则提前。官员以何官称致仕，致仕后的俸禄数目及是否朝见等待遇，与其原官品、功绩及皇帝的恩宠程度有关。

在古代，致仕的待遇内容丰富，这与君主的个人喜好不无关系，且有着一定的特殊性。就我国现行的公务员制度来看，公务员退休后，以其工资的一部分作为养老保障。在历史上，历朝历代的官员养老可以领取的俸禄不同，汉朝是可以领取三分之一的俸禄用以养老；唐朝时玄宗曾下令：“如闻六品一下致仕官，四载之后，准各并停。五品下致仕官，并终其余年，仍永为常式”从这以后，官员按照官品来区分养老待遇的区别被打消，统一享受较高水平较大幅度的养老待遇。此后历代逐步发展完善致仕制度使其不断规范化，但需要指出的是，致仕制度还是很受君主的个人喜好影响。

例如金熙宗诏“俸禄人力各给其半”，元至正十二年“甲子，翰林学士丞旨欧阳玄一湖广行省右丞致仕，赐玉带及钞一百定，给全俸终身。”此外，对官员的致仕待遇，还有荫补制度，宋朝时就对所有的致仕官员进行了荫补：“凡文武致仕者，加恩其子孙”。这不仅是对致仕官员本身的保障措施，还会有惠及其子孙后代的福利制度，可以说是相当丰富并且高水平。

三、养老制度历史和社会根源

古代的养老制度产生和发展，有着深刻的历史根源和社会根源——早在先秦时期，以孔子为代表的思想家提出的诸如“仁、义、礼、智、信、忠、孝”等伦理思想和道德概念。

古代养老制度就是在这样的大背景下产生的。

(一)“养老”体现了儒家“泛爱众而亲仁”的思想。“仁爱”这一概念开始是以宗教血缘关系为特征的，强调个人的自爱和从自己对父母、亲人的自然感情出发，逐步培养出真诚的“仁爱”之心，以致推广延伸，逐渐放大到整个社会，直至博爱至与个人并无血缘关系的一切人，“老吾老以及人之老”。这样，由爱己到爱人的升华过程，正是儒家推崇的天地万物同为一体、人人和睦、上下无怨的理想世界。这种“仁爱”观促进了我国古代养老制度的形成。

(二) 统治阶级利用伦理道德观念维护社会的稳定，客观上对养老制度起到巩固和强化的作用。在伦理道德观念中，“孝悌”观念对养老制度的发展影响最大。开始，“孝悌”观念只是氏族社会为维护内部结构的秩序稳定所形成的习俗，并通过祈祷鬼神、祭祀先祖等形式，使每个成员都明确自己的社会身份和相应的政治地位，经过儒家的粉饰，形成了“三纲五常”等约束人们生活的礼法规范。推而广之，在各种活动中乃至在整个社会生活中的各个方面，自觉地恪守一定的等级和与这个等级相对应的行为规范，那么，整个社会秩序就不会混乱。正是由于“孝悌”起到维护宗法等级制度的特殊作用，养老就作为孝悌的重点被推上前台，成为推行教化的工具，染上了强烈的政治色彩。

(三) 封建统治阶级历来把“孝悌”作为理顺所有关系的手段。乡饮酒礼是为了正齿位、序人伦、敬老尊贤、息事端、敦睦乡里。尤其是从汉代开始提出了“以孝治天下”的政策。自高祖刘邦后，每个皇帝的谥号前都加上个“孝”字，以示推行孝道的决心。此外，朝廷还在民间推行“孝悌力田”的选仕标准。凡是在家中努力耕作，孝敬父母、尊重兄长的人，都有可能被地方基层政权组织推举到朝廷去做官，这也从一个方面为全社会制定了敬老尊贤的行为准则，使之成为有着十分强大控制力量的精神武器。

四、古代是如何深化养老的概念

(一) 以礼仪示范的形式，强化养老概念。《乡饮酒义》中强调，君子所说的孝，并不是挨家挨户、天天见面加以教导，而是集合民众，通过参加乡饮酒这种形式，对大家进行教育，孝悌观念就自然树立起来了。这种以宗教血缘关系为纽带，以家庭农业小事业为基础，又为人所喜闻乐见的引导、教化形式，有很好的实际效果。孔夫子参观了乡饮酒礼后感慨地说："吾观于乡而知王道之易易也。"就是说，参观了乡饮酒礼后，才知道推行儒家的"仁爱、孝悌"在群众中是很容易进行的。

此外，儒家思想还十分强调统治者的"亲民"作用，强调统治者自身的道德修养和言行举止的示范行为。汉、魏、晋、南北朝时期，皇帝直接参加养国老的庆典活动。养国老的地点由大学上升到皇帝读书和讲学的"太学"或"辟雍"。汉书中有这样一段记载，"汉明帝永平二年，帝率群臣养三老五更于辟雍。用其德行年耆高者一人为老，次一人为更。服都伫大袍单衣，皂缘领袖中衣，冠进贤，杖玉杖。五更亦如之，不杖。皆齐于太学讲学。

其日乘舆先到辟雍礼殿，御坐东厢，遣使者安车迎三老五更。天子迎于门屏交礼，导自阼阶(东台阶)。三老升自宾阶，天子揖如礼。三老升东面，三公设几，九卿正履，天子亲袒割牲，执酱而馈，执爵而酳(音宴)，祝鲠在前，祝噎在后。五更南面，公进供礼，亦如之。明日皆诣阙谢恩”。这段文字生动地描绘了皇帝参加国家级养老的全过程，整个活动严格有序，一直持续到第二天。这段文字虽然有些生涩，但大概能体会到仪式的隆重和严肃。这无疑给全国上下起到示范作用，它的影响力和亲和力是很大的。古人对此评价也很高，《大学衍义补》的作者在按语中说，“盖帝王之世，以孝弟为治，老者近其父，长者教于兄，故设为视学养老之礼，所以教天下之人孝弟也。上之人以孝弟率先天下之人，使之归皆于亲亲长长之化，无一人不亲其亲而孝，不长其长而弟。礼教日明，风俗日厚，天下岂有不治平也哉”。这段文字，十分深刻地说明了养老的礼仪，不但推动了“教化”的发展，而在“教化”的同时，又强化了养老的概念。

(二) 充分发挥老年人的作用。真正意义上的敬老尊贤，不但体现在解决温饱问题上，更主要是体现在通过做代表人物的工作，给予他们应有的社会地位，充分发挥他们的作用上。历史上充分重视老年人的治国经验和政治生活积累，解决现实问题的例子很多。无论是“乡老”“里老”还是“三老”，他们的一个共同特点就是都有教化的职能，有很高的权威性和影响力。即使是最高统治者，也要毕恭毕敬地参加典礼，听取教诲。《晋书·王详传》记载：[①]“天子幸太学，命详为三老，详南面几杖，以师道自居，天子北面而乞言，详陈明王

① 节选自《晋书·王详传》

圣帝君臣改化之要，以训之。闻者莫不砥砺（受到教育）。”此外，他们还直接参与政权、文化建设，比如向上级建言献策、上呈文书、选拔推举优秀人才、会同基层官吏解决民间纠纷和决策乡间的重大事宜。

比较突出的是明代的“优致仕”政策。朝廷对退休的官吏采取继续利用的政策，不仅使他们在社会上老有所为，而且朝廷还赋予他们一定的任务，请他们监督各级官员依法行政情况，检举揭发官员的贪污腐败行为。

总之，古代的养老制度带有封建宗族主义色彩，在维护社会稳定等方面，起到过非常积极的作用。从整体上来看，古代的养老保障制度分类较为详尽，形成了官员百姓养老的双轨制，虽然我国一直提倡尊敬老人，但现实的待遇差距较大，这也从一个侧面体现了封建社会统治阶级对人民进行的压迫以及不平等性。

第八节　中国古代社会福利制度

古代中国有着丰富的福利、救济制度和惯例，这些制度和惯例构成中国传统法律文化的一个重要方面。中国古代国家管理或行政的主要特征之一，就是“为民父母行政”。在社会福利方面所体现的国家与百姓的关系或官民关系，典型地体现了“为民父母行政”的特征。因此，有必要特别探讨中国古代社会福利和救济制度惯例，以期进一步揭示中国传统政治哲学的本质和精神。

中国古代的福利救济制度及惯例，一般说来应包括两个方面。一方面是在天灾人祸之后的特殊时间对百姓进行救济，即今日所说的救灾减害方面的制度与行政；另一方面是平常时期对鳏寡孤独、老病残疾等成员进行福利救助，包括开办养济院收养老人、收养和救助孤儿、开办药局助民疗疾，设广惠仓等专项福利粮储，遣使发放救济物品和慰问贫弱孤寡等。在本文里只探讨后者的制度惯例及行政活动。关于前一方面即“备荒赈灾”方面的制度和行政以后再专文讨论。

一、先秦时代的福利救济制度

《周礼·地官司徒》中的“保息”政策，可能是中国最早的社会福利政策。[①] “以保息六养万民：一曰慈幼，二曰养老，三曰振穷，四曰恤贫，五曰宽疾，六曰安富。”这六条政策，前两条是关于国家扶助人民养老长幼的，第三条是关于国家救济鳏寡孤独的（此四者谓之“穷”），第四条是关于国家扶贫济困的，第五条是关于国家宽惠残疾人的（免减力役），第六条是关于国家对富民不苛取（不专取其力其财）。这六条，除最后一条外，全部是平常时期经常性的社会福利救济事务，是国家福利救济行政的主要方面，至今犹然。另外，《周礼》还有“乡里之委积，以恤民之熺阨（困乏不给者），门关之委积，以养老孤”的制度，据说当时曾设“遗人”一官专掌这种社会福利储蓄的保管及发放事宜。

《礼记》的记载也可能间接反映了周代福利行政之制度或惯例。关于社会福利型养老之制，周代似乎非常周密。在

① 节选自《礼记》。

生活方面，“[1]五十异粮，六十宿肉，七十贰膳，八十常珍，九十饮食不离寝，膳饮从于游；六十非肉不饱，七十非帛不暖，八十非人不暖”在力役和侍养方面，“五十不从力政（征），六十不与服戎。……八十者，一子不从政；九十者，其家不从政。”这就是说，政府颁给粮、肉、布帛以助人养老，免征其子孙力役以便侍养老人。关于孤寡废疾者的济养，周代也有规定，《礼记》谓“废疾非人不养者，一人不从征少而无父者谓之孤，老而无子者谓之独，老而无妻者谓之矜（鳏），老而无夫者谓之寡，此四者，天民之穷而无告者也，皆有常饩（经济救济）。瘖、聋、跛、躃、断者，侏儒，各以其器食之。”就是政府帮助残疾人各凭其器官尚有之余能谋生。《汉书·食货志》谓周代有”七十以上，上所养也，十岁以下，上所长也的制度，可能正是从《礼记》的上述记载中总结而来的。这些记载，有的也许是周时的实际制度，有的也许仅仅是汉人的理想，但都实实在在地影响了此后历代的社会福利制度。

二、春秋战国时期的福利行政

《管子·入国》所记也许反映了管仲相齐时所实行的社会福利行政制度。管仲实行过所谓“九惠之教”：“一曰老老，二曰慈幼，三曰恤孤，四曰养疾，五曰合独，六曰问疾，七曰通穷，八曰振困，九曰接绝。”凡国都皆设有“掌老”“掌幼”“掌孤”“掌养疾”“掌媒”“掌病”“通穷”等专官，具体负责救济事宜。其具体做法是：对于老者，“年七十以上，一子无

① 节选自《礼记》。

征；三月有馈肉。八十以上，二子无征，月有馈肉。九十以上，尽家无征，日有酒肉，死，上共（与）棺。”掌老官要经常“劝子弟精膳食，问（老人）所欲，求所嗜。”对于幼者，助民养之，使民不以养子为累。“三幼者，无妇征；四幼者，尽家无征；五幼，（官）又予之葆（保姆），受二人之食，能事而后止。”对于孤幼无父母者，“属之其乡党、知识、故人。养一孤者，一子无征；养二孤者，二子无征；养三孤者，尽家无征。掌孤（官必须）数行问之，必知其饮食饥寒，身之膌胜而哀怜之。”对于疾者，包括聋、盲、喑、哑、躃、跛、偏枯等，上收而养之（于）疾官，而衣食之，殊身而后止。对于鳏夫寡妇，由掌媒官“取鳏寡而合和之，予田宅而家室之，三年然后事之（征役）。”这是由官府做媒帮助鳏寡之人结婚组家。对于病者，“人有病，掌病以上令（奉君令）问之。九十以上（每）日一问，八十以上二日一问，七十以上三日一问。”这可能仅仅对士人。一般百姓则待遇稍低，“众庶（病者），五日一问。”若特别严重的疾病，“疾甚者以告（上报君主）”。掌病官的职责是经常“行于国中，以问病为事。”此外，对于“穷夫妇无居处”“穷宾客绝粮食”者，责令所在乡党报告官府，“以闻者有赏，不以闻者有罚”。这些做法，如果当时真的成为制度，可以说是世界上最早的最完备的福利救济制度。但即使不是这样，它对后世的影响也是不可低估的。

三、汉代的福利救济行政

汉代福利行政制度比较完备。首先，是经养性的尊养高年老人，赏赐粟帛钱酒等。这种活动既有教化示范性质，也有对老龄人的福利救济性质。这一点笔者从前专文讨论过。其次是关于老人免税役和助侍养问题。“文帝礼高年，九十者一子不事，八十者二算不事。”武帝建元元年（前140年），“令民年八十（者）复二算，九十复甲卒。”文武二帝所定“复二算”或“二算不事”，是指免除八十以上老人之家二人之算赋（人头税）；复甲卒，大概是免除九十以上老人之家的戍卒之役。武帝建元四年（前137年），又诏：“民年九十以上，已有受鬻法。（今）为复子若孙，令得身帅妻妾遂其供养之事。”这可能是在免戍役之外再免其子孙一切杂役，以便侍养。第三，关于救济鳏寡孤独，两汉各帝几乎每二三年便举行一次全国性的赏赐衣食活动，几成惯例，仅《汉书》记载从文帝到成帝就共有30余次普遍济赐救助活动，皆为全国性。如文帝十三年（前167年），赐天下孤寡布帛絮，又“出帛十万匹以赈贫民。”武帝元狩元年（前122年），诏曰：“朕哀夫老眊孤寡鳏独或匮于衣食，甚怜愍焉。其遣谒者巡行天下，存问致赐。”此次赐鳏寡孤独者帛每人二匹，絮每人三斤，并令“县乡即赐，勿赘聚”，就是要送救济上门，不要烦累百姓集中领取。宣帝地节三年（前67年），又诏普赐天下“鳏寡孤独高年贫困之民”；成帝建始元年（前32年）。“赐鳏寡孤独钱帛各有差。”第四，汉代首创常平仓制度，这是中国福利救济事业史上的一大创举，对后世影响甚大。这将专门讨论，本文暂搁置。

四、南北朝时期的福利救济制度

北朝时期的养贫济弱制度，北魏北周可为代表。北魏文成帝和平四年（463年），“诏赐京师之民，年七十以上太官厨食，以终其身。”这大概是规定七十以上老人终身享受“太官厨”的肉食赏赐。宫廷的厨房为京师所有七十以上老人做饭，说明当时大乱之后，高年老人极少。

孝文帝太和十年（486年），孝文帝下令立“三长制”（邻长、里长、党长），三长除了管理邻、里、党等基层单位秩序外，还要负责福利工作：“孤独、癃老、笃疾、贫穷不能自存者，三长内迭养食之。”迭养，大概是说轮流负责供应衣食，也可能是三长轮流将孤寡老人接到家中赡养。为了便于子孙侍养老人，“民年八十以上，听一子不从役。”北周时，仿行《周礼》，也规定：“其人有年八十者，一子不从役；百年者，家不从役；废疾非人不养者，一人不从役。”北周时还经常遣使周行全国，赈赐或慰问孤寡老疾。孝闵帝元年（557年），遣大使察风俗；帝亲定其调查察访的内容之一是“鳏寡孤独，不为有司所恤暨黎庶衣食丰约，赋役繁省，灾厉所兴，水旱之处”，“并宜具闻”。又令使者随时救济，“若有民年八十以上，所在就加礼饩。”武帝建德五年（576年），又遣使“问民恤隐”，并进行福利救济，“其鳏寡孤独，实可哀矜，亦宜赈给，务使周赡。”

南朝时期，赈恤高年鳏寡、幼孤、六疾不能自存者，成为常例。每逢即位、改元、立储、灾害，均有此举。宋武帝永初元年（420年），“诏赐鳏寡孤独不能自存者，人谷五斛。文帝元嘉四年（427年），京师疾疫，遣使存问，给医药；死者若无家属，给以棺器。”孝武帝大明元年（457年），改元大赦，“赐高年孤疾粟帛各有差。”又以京师雨水，赐穷民樵米。又以京邑疫疾，赐给医药。齐武帝永明十年（492年），诏“孤老六疾，人谷五斛”；和帝中兴元年（501年），赐鳏寡孤独不能自存者谷，人五斛。梁时，除了这类普遍救济以外，梁武帝还始创“孤独园”于京师。普通二年（521年），梁武帝诏“凡民有单老孤稚不能自存（者），主者郡县咸加收养，赡给衣食，每令周足，以终其身。又于京师置孤独园，孤幼有归，华发不匮，若加年命，厚加料理。”这是中国历史上最早的官办福利院，其所收养者可能仅是单老无子女者及孤儿。当然梁武此举，是因其笃信佛教而图立善事之故。

五、唐代福利救济的突破性发展

唐代的福利救济制度比较发达，但其福利行政制度的具体史料传世的并不多。唐代的福利行政，除沿用前代已有的各种具体做法外，尚有四点值得注意。这四点都颇有创意。

（一）孤寡老疾的经常性济养。唐令规定：“诸鳏寡孤独贫穷老疾不能自存者，令近亲收养。若无近亲，付乡里安恤。”

（二）对于出门旅行人在途疾病的救助。唐令规定：“如在路有疾患不能自救者，当界官司收付村坊安养，仍加医疗，并勘问所由，具注贯属，患损之日，移送前所。”这一规定为前代所无。客旅者患病或受伤之地，该地官司负有救助治疗责任，并要在问清身份病伤之因后将病旅者移送给下一地段官司。

（三）侍丁养老之制，唐代进一步完善。“男子七十五以上，妇人七十以上，中男一人为侍。八十以上令式从事（依有关法令办理）”，“诸年八十及笃疾，给侍一人；九十，二人；百岁，五人。”若子孙人数不够，“听取近亲”，“无近亲，外取白丁”。以非亲属之白丁，免役以养孤老，这时已不是一般意义上的

“侍丁”，而是国家雇请的养老服务员。他们以为国家照料孤老为服徭役的形式。

(四) 悲田养病坊的设置。佛教为救济贫病之人，恒设病坊于寺，曰养病坊。自武则天长安年间以后，“置使专知”，大约是国家设官进行管理。开元五年 (717 年)，宰相宋璟认为悲田养病是佛教内事务，国家不应设官干预，奏请罢专使，玄宗不允。开元二十二年 (734 年)，玄宗更令“京城乞儿，悉令病坊收养，官以本钱收利给之”，于是养病坊主要成为官办孤儿院，虽仍由寺僧操理，但经费由国家官本放贷之利息提供。

会昌年间，武宗下令灭佛以后，因僧尼“尽已还俗”，而致“悲田坊无人主领”(操办)，使贫病无告者之救济大成问题。于是，宰相李德裕于会昌五年底奏请，在两京及诸州“各于录事耆寿 (年高者) 中，拣一人有名行谨信为乡里所称者，专令勾当 (主持)”。并奏请改其名为“养病坊”，去掉佛教“悲田坊”原名。为了让养病坊有稳定资金粮食来源，李德裕又奏请每坊给田五至十顷，均委观察使量 (当地) 贫病者多少而定。田产以充被收济者之粥食。武宗从其议，下敕行之。这时的养病坊，已与佛寺没有任何关系，完全成为官办福利机构或孤老院了。

此外，唐代为向民众普及卫生知识，改善大众卫生状态，曾常向民众颁布救病医方。玄宗天宝初，曾亲撰《广济方》颁行天下，并令郡县长官“就广济方中逐要者，于大板上件录，当村坊要路榜示。”德宗贞元年间，又令编成《贞元集要广利方》五卷，颁下州府，并令“阎闾之内，咸使闻知”。唐代各州县设有医学博士及医学生，也经常免费为贫民治病，这大概是中国最早的医疗福利制度。

六、宋代的福利救济的完备

中国传统福利行政制度发展至宋代，基本完备。主要有以下几方面。

(一) 广惠仓制度。宋代于常平仓、义仓 (社仓) 之外，专设广惠仓，以为社会福利救济粮的基本储备。仁宗嘉祐二年 (1057年)，采纳枢密使韩琦建议，将原先由官府出售的绝户 (无子孙者) 田产改为募人耕种，收租谷另置仓储存，以救济州县郭 (城) 内老幼贫疾不能自存者，曰广惠仓。由提点刑狱官主管之。

具体规定：凡绝户之田，州县户不满万者，留租千石之田为广惠仓田；万户以上倍之，户二万留三千石田，三万留四千石田，每增一万户增留一千石田，至十万户留万石田。其余田亩，仍旧由官府出售。嘉祐四年 (1059年)，令广惠仓改隶司农寺，“州选官二人主出纳，每岁十月遣官验视”。

关于发放救济，规定“应受米者书名于籍，自十一月始，三日一给，(每) 人米一升，幼者半之，次年二月止”。这说明广惠仓无偿发放救济粮只在冬季，春夏秋三季不救济。神宗熙宁二年 (1069年)，常平仓粮发放制度有所改变，除少量仍无偿颁给老疾贫穷者外，其余粮储均与常平仓一样平粜，即“遇贵量减市价粜 (卖出)，遇贱量增市价籴 (买入)”。为此，各路置提举常平广惠事务专官，一并管理二仓出纳之事。未几，王安石又力主将常平广惠两种仓储一并作为“青苗”本钱出贷于民，收十二之利息，“而常平广惠仓之法遂变而为青苗 (法矣)。”不久，又令天下卖广惠仓田。哲宗时一度复广惠仓，又以章惇用事，复罢之，卖田如旧法。至此，广惠仓结束。

(二) 福田院及居养院的设置。宋初，京师即置东西两个福田院，以救济“老疾孤穷丐者”，初仅接济几十人。到英宗时，增置南北两个福田院，东西两院也扩大屋舍面积，至此有四个福田院，每日可以同时接济三百人。其办院经费，起初是以内藏钱五百万给之，后又用“泗州施利钱”(大概是指泗州商港码头官设货栈即僦舍的租金或存储中转费) 给之，增至八百万。或者是从全国各地的“僦舍钱”，即官设商舍货栈收入中拨划一部分为福田院经费。所以，英宗曾诏“州县长吏遇大雨雪，蠲僦舍钱三日，岁毋过九日，著为令”，这大概是因福田院经费充足时而适当减少征收以作为对商贾的优惠。神宗熙宁二年 (1069 年)，京师雪寒，诏：“老幼贫疾无依 (而) 丐者，听于四福田院额补给钱收养，至春稍暖则止。”这表明各个福田院救济对象有名额限制，或有名册，并非随人发放。

(三) 关于居养院、安济坊的设置。徽宗崇宁初，蔡京当政，始令全国各州县置居养院，安济坊。后又令“诸城、砦、镇、市户及千以上有知监者”，依各州县例增置居养院安济坊。居养院收容残疾无家可归者及孤儿，“道路遇寒僵仆之人及无衣丐者，许送近便居养院，以钱米救济。孤贫小儿可教者，令入小学就读。”免学费，官为制衣 (用常平仓利息钱)。凡弃婴，雇人乳养。听寺观收养孤儿为童行 (预备当和尚的养童。) 安济坊大约是依寺庙而立的医院兼疗养院，“募僧主之，为贫病无力求医者治病并收住养疗。”为鼓励僧医，规定三年医愈千人，赐紫衣，祠部 (度) 牒各一道。“为了对僧医考绩，”(就) 医者人给手历，以书所治痊失，岁终考其数为殿最。“这是中国最早的病历制度。居养院、安济坊的钱粮经费，来自常平仓利息钱米，”厚至 (从前福田院赈济粮额的) 数倍。“又差官卒充使令，置火头（饮事）具饮膳，给以衲衣絮被。”

“州县奉行过当，或具帷帐，雇乳母，女使，糜费无艺，不免率敛，贫者乐而富者扰矣。”这么高标准的养老院或孤儿院，有炊事员，保姆、乳母、男勤杂工，又设食堂，发放衣被，设床帐，难怪经费不足要率敛于民了。《宋书·食货志》对这种优遇既感惊讶，则说明从前京师福田院只供应米豆或只有大桶施粥之类，并无饭堂，房舍，则仅供被救济者临时避寒过冬，无有床帐之设，亦无服务人员。徽宗宣和二年（1120年），诏“居养（院），安济（坊），漏泽（园）可参考元丰旧法，裁立中制，应居养人日给粳米或粟米一升，钱十文省，十一月至正月加柴炭，（日每人）五文省，小儿减半。安济坊钱米依居养（院）法，医药如旧制。”这大概是有鉴于各地办居养院、安济坊标准太高花费太过而下令裁减救济钱米标准。“参考元丰旧法，裁立中制，”说明是按元丰年间所定的较低救济标准，制定一个新的中等标准（低于现标准）。这是不是说元丰年间即有了居养院、安济坊之设置？南宋时期，仍行居养、安济之制，“若丐者育之于居养院，其病也，疗之于安济坊；其死也，葬之于漏泽园。岁以为常。”

（四）宋代的一般官方济贫施舍制度。不管广惠仓存或废，宋代的一般救济制度一直存在。“凡鳏寡孤、独癃老疾废贫乏不能自存应居养者，以户绝屋居之；无（户绝屋），则居以官室，以户绝财产充其费，不限月，依乞丐法给米豆。不足，则给以常平（仓）息钱。”

这是在全国各地普遍实行的一般济贫救弱之办法。所谓“乞丐法”大概是对老孤贫乞者发救济的专门法规。这时无论是以户绝屋还是以官屋把贫丐者集到一起居住救济，有固定官费供给，又不限一年居住救济几个月（可能常年救济），这是典型的官办福利院。或许这就是各地方的居养院、安济坊。至于施舍乞丐之法（“乞丐法”），大约是“诸老疾自十一月一日（起），州给米豆，至次年三月终（止）。”（熙宁九年，从韩绛议，改为次年二月终止。）前述广惠仓施舍即采此法。撤广惠仓后施舍乞丐可能仍是依此法。

（五）漏泽园与丧葬救济。真宗天禧年间（1017—1021年），即“于京城近郊佛寺买地，以瘗（埋葬）死之无主者。”官府拨给棺钱，“棺给钱六百，幼者半之。”后不复给，“死者暴露于道”。仁宗嘉祐末（1062年前后），复诏给拨此款。神宗时，又诏：“开封府界僧寺旅寄棺柩，贫不能葬，令畿县各度官（有）不毛（之）地三五顷，听人安厝，命僧主之。葬及三千人以上，（许主其事之寺院）度僧一人，（连办）三年与紫衣（官颁紫衣给寺主为奖赏）；有紫衣（者），与师号（官命僧人法师之类荣号为奖赏），更使领事（领葬事）三年，愿复领者听之。”

徽宗崇宁三年（1104年），蔡京建议在全国推广此制，曰漏泽园，各州县均设，后又命城、砦、镇、市满千户以上并设有知监（主官）者均按州县例设漏泽园，各“置籍”即设登记簿册。又令“瘗人并深三尺毋令暴露，监司巡历检察”，可能专设了管理居养、安济、漏泽事务的专官。南宋时，仍行以漏泽园葬死而无主者之例，“岁以为常”。

（六）医疗卫生救济制度。除“安济坊”这种医疗福利救济形式之外，宋代还有其他医疗救济形式。仁宗时，因知云安军王端奏请由官府拨钱买药救济贫病无钱医治者，仁宗遂命颁《庆历善救方》于天下，其内容大约是关于救病医方及官府施药费办法。京师大疫时，仁宗曾命太医出宫内药品和药救民，又令太医官到各县为病民诊治授药。

七、元代的福利救济制度

（一）首先值得注意的是济众院和养济院等福利机构的设置。世祖至元八年（1271年），始令各路设“济众院”以居贫孤疾病无告者，给药、粮、薪。至元十年（1273年），为防止官吏贪污救济粮钱，世祖特令“凡粮薪并敕公厅给散”，以便众目监督。至元十九年（1282年），世祖又令各路“每年创立养济院一所。有官房者就用官房，无者官为起盖。专一收养上项穷民（上项提及鳏寡孤独老弱残疾不能自养者）。仍委本处正官一员主管。应收养而不收养，不应收养而收养，仰御史台按察司计点究治。”[①] 元律规定，凡无有服亲属侍养者听入养济院。若有服内亲属而不收养老孤，听其入养济院，则罚该等亲属，“重议其罪”。但“亲族亦贫不能自给者，许养济院收录。”其次值得注意的是农村村社的助耕济弱制度。元代定制五十户立一村，“本社内遇有病患凶丧之家不能种蒔者，仰令社众各（自）备粮饭器具，并力耕种助治收刈，依时办集，无致荒废。其养蚕者亦如之。”这是一种极特殊的济弱福利之制，即强令社员合力共帮穷困之家。

（二）元代开设了“惠民药局”。太宗九年（1237年），即于燕京等十路置惠民药局，以太医等主管，给官银为本钱。“凡局皆以各路正官提调，所设良医，上路二名，下路州府各一名。”其钞本“验（各路）民户多寡以为等差”。药局大概以官

---

①节选自《大明令·户令·收养孤老》。

本放贷，“月营子钱（利息），以备药物，以疗贫民。”

（三）元代其他福利行政。元代各帝常有对“鳏寡孤独老弱残疾不能自存者”令所在官司“于官仓内优加赈恤”“支粮养济”“给中统钞”“时加存间毋致失所”“病者给医药”等诏令。至元二十年（1283年），世祖又“令给京师南城孤老衣粮房舍”。二十八年（1291年），“给寡妇冬夏衣”；二十九年（1292年），“给贫子柴薪，日五斤”。成宗大德三年（1299年），诏凡遇皇帝生辰，孤寡者“人给中统钞二贯，永为定例。”大德六年（1302年）又令给孤寡而死者棺木钱以助收葬。

八、明清的福利救济制度

明初仿宋制，设养济院收孤苦无靠者，按月发口粮。《明律·户律·户役》规定：凡鳏寡孤独及笃废之人，贫穷无亲属依倚，不能自存，所在官司应收养而不收养者，杖六十。这是正律中首次纳入社会救济保障条款。后来又有“建官舍以处流民，给粮以收弃婴”之举。“养济院穷民各注籍”，无籍者收养于佛寺。又设漏泽园葬贫民，天下府州县亦设义冢。其具体实施办法，明志无记载，估计与宋元之制大致相同。明代各帝亦常下诏普遍施济天下鳏寡孤独老病残病之人，亦有惯例。

清代的福利制度，主要见于《户部则例》和《大清律例》。除灾荒救济，八旗绿营老弱兵丁救济外，值得注意四点。

（一）高龄老人养赡。清制规定，“耆民年至九十以上，地方官不时存问。其或鳏寡无子及子孙贫不能养赡者，督抚以至州县公同设法恤养。或奏闻（皇帝）动用钱粮，令沾实惠。”

(二) 设栖流所，收养流浪贫民。“京师五城每城各设栖流所收养贫民，凡外来无依及贫卧街坊者，该坊总甲报官收入，该司坊官按名登记循环簿。每名日给小米壹仓升，煤炭油菜制钱壹拾伍文。隆冬无棉衣者，给粗布棉袄一件。每所各募本城诚实民人一名月给工食钱五钱，责令看管房屋，照料所在流民。若流民患病，报官拨医调治。有在所 (中) 病故及沿途卧毙者，通令报官掩埋，官给棺木，每口银价八钱。”《大清律》关于地方官吏“收养孤老”责任督察之律文与《明律》完全相同，但增加了更详细的条例。

(三) 孝子节妇贫苦者救济。清制规定：“直省地方孝子节妇有实系贫苦，不能自存者，地方官核实，取具邻族甘结，加具印结，详报该上司，于存公项下按月酌给口粮银两，按年报部核销。”四是贫穷读书人的救济，清制规定：“直省在学生员有寒苦不能自赡者，责成该教官确查造册，册内分极贫、次贫，于学政按临日投递。该学政据册核实，动支学租银两，于三日内逐名面赈，毋令遗 (漏) 滥 (发)。”后两种救济制度极其具有清代的时代特色：科举制走进荒谬境地，白首童生比比皆是，贫病不堪者甚多；旌奖孝悌节烈之制也走向绝境，虽有旌表而贫苦无靠者也比比皆是。朝廷格外奖劝人民走的两条路，常让人民陷入困绝之境。因此，朝廷不得不专为此两种“难民”特设救济办法。

结论：中国传统福利救济制度的特征和精神及其惯例，把它放到中国文化传统的大背景中加以考察，并与近代以来的社会福利制度相比较，有三大特色。这三大特色又共同体现了我们民族文化三大精神。

九、传统的福利救济制度有以下三大特色

(一) 从福利救济的内容来看，中国古代的福利救济是全方位的。古代的福利救济，既有天灾人祸后非常时期的救济，也有平常时期的福利和救济。仅在平常时期的福利或救济中，就有着丰富的内容，包括生老病死苦各种情况的福利或救济。关于“生”，以西周时代“取鳏寡而和合之”的捉合婚姻制度及管仲相齐时实行的通过免劳役、给保姆等奖助方式鼓励人民生养子女的制度为代表。

关于“老”，以西周和汉代通过经常性的减免赋税、进行物质赏赐(或固定供应)以保证高龄老人衣食无忧及通过免除子孙劳役以保证老人有所侍养的制度或惯例为代表。关于“病”，从周代的“以问病为事”的“掌病”官开始，到唐代的地方官司收救“在路有疾患者”的制度及养病坊的设置，直到宋元时代及以后的“安济坊”“惠民药局”，都是官办的医疗性救济事业。

关于“死”，以宋代的“漏泽园”式的丧葬救济制度为代表。关于“苦”，即对于前面的四种情形以外的场合的穷困救济，历代的制度和惯例更是丰富多彩。如周代对鳏寡孤独四种“天民之穷而无告者”的“常饩”或经常救济，如南朝梁的“孤独园”到明清时代的“养济院”“栖流所”，都是对人民生活穷困者的救济。除此五者之外，甚至还包括助学救济，如宋代“收孤贫小儿可教者，令入小学就读”并给衣食的制度及清代的赈济“在学贫苦生员”的制度。总而言之，这些救济包括了人生的各个方面、各种情况，全面而周到。

（二）从福利救济的方式来看，中国古代实行的福利或救济的方式途径是多样化的。直接用于福利和救济的手段包括：赏赐或发放生活必需品，提供栖身之所，提供生产工具或资料，给残疾人提供工作机会，提供劳动力帮助耕作，提供侍丁或保姆服务，减免赋税，减免徭役，售卖平价或低价粮食，发放药品和医疗指导书籍，提供免费医疗，提供丧葬费或服务，免除学费，提供旅行帮助，撮合鳏寡成婚等。这几乎包括了我们现在所能想到的所有福利或救济方式。

（三）从福利或救济所需资源的来源看，中国古代社会福利救济奉行通过单项或特项收入以解决福利经费的原则。用今天的话说，多数是特收特支。从西周到明清，没有看到政府在全国性年度赋税计划中，专列常规性用于救济的赋税项目，也没有真正的长期稳定的这类税种被执行，没有看到政府在这一目的上有真正的常规性开支预算。用于福利救济的钱物，要么来自临时动用皇室经费或国库库存（如北魏的“太官厨食”七十以上老人，如宋代动用“内藏钱”供给“福田院”），要么开列专项税收（如西周的“乡里门关之委积”），要么特设官办产业或放贷或流通服务（如历代的“常平仓”“广惠仓”进行的流通调控，如唐代以“官本收利”供给“养病坊”），要么挪用政府的专项收费（如宋代以“泗洲僦舍钱”供给“福田院”），要么直接取自富民（如北魏的“三长内迭养食”“孤独癃老笃疾贫不能自存”之人），要么接收使用无主财产（如宋代以绝户者田产充“广惠仓”救济）。这些特收特支的做法，与小农经济的特征紧密联系在一起。既有临时性“损有余补不足”的小农“均平”原则的体现，又有“以民养民”不减君国利益的考虑。

十、养老制度的三大精神

从上述三大特色，我们稍加分析，还可以发现，中国古代的福利救济制度和惯例有以下三大精神。

(一) 家长制精神。中国古代的福利救济制度，充满家长“父慈母爱”般的养育和保护慈幼的精神。这主要体现在福利和救济的全面和丰富性上。生育、婚姻、衣食、居处、就学、生产、医疗、丧葬、旅行，百姓生活的每个方面，只要确有困难，均可由国家提供救助。衣食住行、生老病死，国家或君主都要“为民父母行政”地考虑到。在资助方式上从提供衣食住所，到提供涵盖生活中方方面面医药药方、供侍丁保姆、减免税役、供丧葬帮助。

国家之所以如此全面、细致地为百姓提供这些救助，常常并非出自真正的社会整体利益和人道主义考虑，更多地出于要证明自己的政治合法性。只有能如此保养百姓的君主和政权，才可以说是“有道”，才是王道仁政，才能“得人心者得天下”。否则就是孟子所说的“率兽而食人”，就不配为民父母，就丧失了道义上的合法性。《汉书·食货志》说周代的福利原则是“七十以上，上所长也；十岁以下，上所养也”，这多少贯穿了中国传统社会。这一原则实际上是说：赡养高年老人，抚养幼弱儿童，是国家或君主作为家或家长的责任，是“以天下为一家，以中国为一人”的政治哲学所要求的。

(二) 以福利救济贯彻或体现道德教化。我们看到，中国古代的福利救济有浓厚的形式主义性质，似乎主要是做出来给人看的。这样做就是为了道德教化的宣传。这主要体现在两个方面。一是只注意对社会上显而易见的鳏寡孤独残疾等典型的弱势成员的象征性救助，而不注意平常对社会上潜在的人数众多的一般贫困百姓的救助和辅导。国家的重点放在“装腔作势”上，放在表演上。如“孤独园”“养病坊”等就是此种“形象工程”，宋代的“奉行过当”铺张浪费的雇乳母、女使，设帷帐的“居养院”更是其典型代表。这样做的目的就是要给老百姓一种非常好的错觉，要通过这种华而不实的反差感召人民感激皇帝和国家。二是通过对老人的定期或不定期赏赐、供给，表现国家或君主“敬老爱老”“敬耆德”“礼高年”的道德政治形象。在福利救济中，对老人的供给占了非常大的成分，几乎一直是重头戏。其实，偶尔或定期赏赐布帛、酒肉，并不能真的解决老人的经常生活来源问题，主要起了一种精神安慰作用和政治宣传作用。

特别是，通过给老人的子孙免劳役的形式解决老人赡养问题，甚至用国家选派侍丁来养老，这明显把养老事宜当成了国家政治或官方公务了。但事实上，在特重孝道且家长有绝对权威的古代中国，老人的赡养其实并没有成为社会问题，从来就没有真正形成疏弃老人的急迫社会问题。真正构成社会问题的是绝大多数社会成员的贫困化问题，国家并不很关心。

（三）福利和救济事务过分国家化政治化，排斥社会。中国古代的福利和救济事业，笔者没有将其称之为社会福利和社会救济。这主要是因为它有着过于强烈的国家行政属性。

1. 为民父母行政：国家并没有把弱势群体的福利和救济问题当作社会问题来解决，并不认识这些问题作为社会问题时的特有属性和规律，只是当成一个“为民父母行政”格局下的“安抚子民”“哺育百姓”的行政问题，或当成一种放大了的

"家政"问题；国家或君主不用社会观念去分析和观察弱势群体和贫困化问题，他们心目中是有家族无社会、有国家无社会。在解决扶贫助困问题时，也没有采取整体解决社会问题的构思，没有从社会的共同生存机制、公平机制和自我完善机制、收入再分配机制的建立和健全的角度去考虑救济问题。

2. 政府力量单一：没有社会力量参与，也不鼓励社会力量参与。如唐代起初为佛教寺庙主持的"悲田养病坊"，后被国家"置使专知"设官管理并提供经费，变成官办的"养病坊"，使宗教力量退出；宋代起初本由寺僧主持的帮助赤贫者安葬的事业，官府插手后变成"漏泽园"，置专官，将宗教排除在外。

这种不注意培养或完善社会的自我救济机制，却以插手社会已经开始的救济事业并取而代之为能事的态度，就是典型的"家长式"的国家万能观念的体现。这种态度施行于国家生活，结果就是使本来就不发达的软弱的社会更加软骨化，使得人民不得不指望国家、依赖国家，把一切都寄托于国家的施舍。

第九节　社会优抚制度

随着奴隶制国家的出现，奴隶主之间用暴力掠夺财富的军事冲突便随之产生，战争的需要产生了古代军队和军事制度，为了鼓舞士气，获取战争的胜利，统治阶级开始重视对军人及其家属的优抚。西周时期，太公吕尚辅佐周武王治军，曾提出"凡行军吏士有伤亡者，给其丧具，使归而葬，此坚军全国之道也。军人被创即给医药，使谨视之”。意思是说，对战死的军士要置备葬具安葬，对受伤的战士要妥善照顾。秦国在商鞅变法期间，将“军功受爵”原则列入了变法的主要内容。这些重要的优抚思想，奠定了优抚工作的发展基础。

优抚制度是伴随着军队的产生而产生，随着军队的发展而逐步完善起来的。通过国家抚恤和各种不同形式的社会优待，鼓舞士气，稳定军心，完成一定阶段的军事、政治任务。它从产生之日起，就紧紧地同军队建设联系在一起。

（一）优抚制度的早期发展。我国是优抚历史悠久的国家之一。早在三千多年前的原始社会末期，优抚的萌芽思想即已产生。随着奴隶制国家的出现，奴隶主之间用暴力掠夺财富的军事冲突便随之产生。战争的需要产生了古代军队和军事制度，为了鼓舞士气，获取战争的胜利，统治阶级开始重视对军队的优抚。相传在西周，太公吕尚辅佐周武王治军，曾提出“凡行军吏士有伤亡者，给其丧具，使归而葬，此坚军全国之道也。军人被创即给医药，使谨视之，医不即治，鞭之”。在这里，他认为，给战死的军士置备葬具并妥善安葬，是稳定军心保全国家的良策。他还要求对受伤的战士妥善照顾，对玩忽职守者要施以鞭刑。这些重要的优抚思想，对于鼓舞周军士气，无疑起到了积极的作用。

（二）战争与优抚制度的促进。从春秋战国时期开始，我国开始从奴隶社会向封建社会过渡。诸侯兼并，列国争雄，战争连绵不断。战争需要大量兵源，这一时期各诸侯国几乎普遍实行征兵制度。适应战争需要，为征兵制度服务的古代优抚工作得到了相应的发展。

到战国后期，“士得受赏田”已成为各国通行的做法。晋国赵鞅在与范氏、中行氏的战争中，曾以“克敌者，上大夫受县，下大夫受郡，士田十万，庶人工商遂，人臣隶目免”相激赏。

魏国在建立常备军的过程中，严格选拔士卒，一经选中，给予免除全家徭役和赋税的优待。秦国在商鞅变法期间，将“军功受爵”原则列入了变法的重要内容。规定凡在作战中杀死敌方甲士一人并取回首级者，赐爵一级。由此“有军功者，各以率受上爵”。

正因为秦国实行的奖励军功政策调动了广大士兵的积极性，使得秦军在战国后期成为一支所向无敌的劲旅，为秦始皇统一中国提供了重要保证。西汉时期，我国古代的优抚工作得到了新的发展。这一时期，全国法律规定“有功劳行田宅”，强调依军功大小，给予相应的土地房屋，将优抚的范围从有战功的个人扩展到了其家属，同时开始为战亡者和已故战将修筑纪念设施，成为我国最早的烈士褒扬活动。

（三）将士福利与优抚制度。三国两晋南北朝时期，战事频起，政权迭换，东汉时期的募兵制演变为世兵制。军户父死子继，兄终弟及，世代为兵，军士地位低下，不仅从军无赏，而且一经逃亡则要受到残酷镇压。不过，当时一些有远见的政治家也主张厚待军士，以图鼓舞士气。

曹魏政治家曹操提出：“军无财，士不来；军无赏，士不往。”他还亲自下令要求各地方长官对“家无基业不能自存”的战死者遗属，保证由官府供应口粮。同时要求“长吏存恤抚循”，予以抚慰。蜀汉诸葛亮则提出：“用兵之道”，必须“尊之以爵，赡之以财”。

这表明，尽管这一时期的军士地位低下，但一些有作为的政治家和军事家在军人优抚方面提出了一些重要的思想，并注意在实践中加以运用。

（四）优抚制度飞跃性进展。隋唐时期，实行兵农合一的府兵制。以均田制为基础，在全国编成若干军府，凡成年男丁都必须服兵役，直到60岁才能免除。府兵“悉属州县，垦田籍帐，一与民同”，即寓兵于农。军人平时耕田待命，有事则奉召出征，一旦战事完毕，则兵归于府，将归于朝。军人在具有军籍的同时也具有民籍，可以得到国家授田和拥有自己的一定产业。军人服役者享有免除徭役和赋税的优待，但征战时需自备资粮和武器。

宋朝的建立，使我国古代优抚制度发展进入了一个新的历史阶段。随着兵农合一的府兵制被募兵制所取代，军人成为一种职业，维持政权和巩固国防的需要，使宋代统治者异常重视军队建设，与之相适应的优抚制度也得到了发展。主要体现在以下几个方面：

1. 对军人实行优待：宋朝军队职业化后，对军人实行军俸制。中级军官每月的正式俸禄在30贯至100贯之间，军士则区分上、中、下三等，最多的月俸为一贯，最少的约300文，高级将领待遇优厚。除此之外，家属可迁居京城，由政府提供住房和生活补助，对驻守边境地区的军官，在宋初还给予处分当地租税的特权。在其他屯驻地区，将领们可以从事兼并土地、建置房屋、经营当铺、货栈和店铺等经营性活动。除正式军俸外，还有另外一些名目繁多的补助费。包括：

（1）“招刺利物”。新兵入伍时要在脸上或手臂上刺字，刺字后发给一些随行什物。

（2）特支钱。固定节假日或者某次军事行动的临时补助。

（3）郊祀赏赐。每三年举行一次郊祀大礼，对百官和军队进行赏赐。一次郊赏，约等于一名基层军官一二十个月的俸钱。

（4）冬季用于御寒的雪炭钱、柴炭钱。

（5）于每月或每季发给戍边将士的“银鞋钱”。

（6）士兵调转部队的“军转钱”。

此外还有临时性的对杀敌立功和训练出色者的奖励等。

2. 确立伤亡抚恤制度：军人伤残，仍留居军队的，由国家终身保证吃穿用等基本生活；愿意离开军队自谋出路的，给予一次性抚恤。

如宋仁宗时规定：“军士经战至废折者，给衣粮之半，终其身；不愿在军人给钱三十千，听自便。”军人死亡而直系亲属无所依靠者，保证供应其直系亲属终生口粮。但对妇人改嫁者则停止供应。宋神宗时曾下诏规定：“诸阵亡军士祖父母，父母无妻、子、孙依倚者，人日给米二升，以终其身。妇人改嫁即停给。”

3. 对退役士兵的安置制度宋代军队实行“拣选制”：即定期或不定期地挑选和淘汰军士。对裁减下来的兵员，政府主要采取三种安置办法，一种是划为小分，即对年老、病残而无家可归者削除军籍，留在军中从事杂役，不直接参加战斗，享受半份月薪待遇。第二种是设置剩员。即将那些不能从事战斗的疲老军士或年高立有战功而又无家可归者单独列编，留在军中从事辅助性的勤务工作，也拿半份月俸。第三种是对那些残弱不能胜任作战而又无家可归的士兵，“放其百姓，听其自便在京居止”或“听归农”。即削除军籍，允许在全国各地（包括首都）归居，从事农业生产。

宋代的优抚制度对后世产生了重要影响。元、明两代，将宋代优抚制度的一些原则得到了继承和发扬。中国自古以来就对军事高度重视，《孙子兵法》中说：“兵者，国之大事，死生之地，存亡之道，不可不察也。”历朝历代莫不把军事当作国家的头等大事，把军队看成是拱卫边疆、维护统治的基本力量。既然“兵”是“国之大事”，所以历代把对军人的优抚也当成一项基本国策加以推行。对军人及其家属的优待和抚恤，随之成为社会保障的重要内容之一。

（五）对于家属与士兵全面的优抚。元代实行“世兵制”，建立有“军户”，成年男子一旦编入军户籍，就世代为兵。对于这些职业军人及其家属，元代给予了方方面面的优待和照顾。不但发放粮饷、衣物，荒年时还对其家属提供必要的救济。元代甚至设立了一个专门的机构——安乐堂，用来治疗和收养患病的军人。像位于太湖畔的金坛县就设有两所收养患病军卒的安乐堂，其中的一所有屋舍“凡七十二间”，俨然一座颇具规模的军人医院。除了安乐堂，据《元史》记载，当时首都大都还设立有广惠司，负责配制从中亚西亚地区传来的一些药剂（当时称“回回药”），给守卫京师的将士和“在京孤寒者”疗病之用。如果军人“不幸而死”，元政府除给予一定的丧葬费（称“坟瘗钱”），同时还对家属优加抚恤。

明朝开国后，同样对军人给予优厚的优抚，如阵亡的将士均可享有一石米的丧葬补助，如果死者没有子女但有父母或妻子，由政府给其家属连续三年支付全额薪俸，三年后减半发放，直至终身；对于在军营中病故的官兵，无子女但有父母或妻子者，给家属发放半俸终身。到了正德年间又规定，已故将官的外孙女及其生母，每月由政府“给米一石终身”。对已故军官的抚恤已经恩及女儿甚至外孙女，这在当时的男权社会里，不能不说是一个惊人和大胆的举措。

满清入关，定鼎中原，军事上主要依靠的是八旗军，所以对其待遇和抚恤也格外优厚。如顺治初年规定，八旗军兵士作战受伤，头等伤给银五十两，二等伤给银四十两，三等伤给银三十两，四等二十两，五等十两。八旗官兵因伤病退役后，凡年纪在五十以上者，无论其有无房产，有无子孙赡养，都由政府每月给银一两、米一斛，以终养余年。至于阵亡的八旗官兵，其家属都能得到为数不菲的抚恤金和相应的照顾。

到了康熙年间，以满人为主体的八旗军日渐衰微，逐渐被由汉人兵士组成的绿营所取代。这时，绿营官兵的优抚待遇逐步得到改善和提高，但总体仍不如八旗军。如绿营官兵的受伤抚恤，虽然一再追加，但头等伤给银三十两，二等伤给银二十五两，三等给银二十两，四等十五两，五等十两，较之于八旗军仍有相当差距。绿营军士因年老或伤病退役后，有子孙赡养者，每月给米三斗；无依无靠者，将按军营的标准给予一份口粮，“以资养赡”。绿营军人的养老待遇也远不及八旗军。清朝前期，由于大规模的征伐战争，统治者对优抚工作十分重视。康熙帝在平定三藩之乱时曾指出：“自逆贼吴三桂煽乱以来，各用兵地方文武官员，或矢志固守，势穷莫支，尽节封疆；或身陷贼中，坚贞不屈，横被惨害；或从容就义，全家殉难，视死如归。此皆为国捐躯，克全忠节，深为可悯。其有骸骨未能归葬，妻子尚寄远方，孤苦无依，更堪较侧，宜加恩恤，以慰忠魂。”在这一思想指导下，他下令各地方政府认真审察，查找殉难的文武大小官员骸骨及妻儿子女，准许动用“正项钱粮，资送归里”，以“优恤忠节”。在一次征战之前，他曾下谕奖励军功、抚恤阵亡将士：“尔官弃兵丁以下，断养卒以上，其各竭力奋勉。不遇敌则已，若与敌遇，功成凯旋，当锡以殊恩，用族劳勤。其阵亡者，照常以身价外，若护军，与一子七品职，若甲兵，与八品职食俸；若无子者，其所食钱粮，即给寡妇。养之终身。所借官库银两，亦当予以宽恤。”

（六）清朝优抚思想贯彻实施。至清朝，我国古代优抚制度更加完善。为了使这些优抚思想在实践中得到贯彻，清代中期以后，清政府注意吸收了历史上的优抚经验，在军人优抚安置方面逐步形成了一整套体系，并建立了各项优抚制度，对这项工作实行条例化的管理。宣统二年八月，陆军部向宣统皇帝奏奉了厘定的《恤荫恩赏章程》，成为封建制度下第一部完整的优抚条例。该条例共分8章48条，对军人死亡、伤残抚恤及通过恩赏世职等办法进行优抚都作了详细的规定，由国家议恤的范围分为阵亡、伤亡，因公殒命、积劳病故、临战受伤等五类，分别不同情况可享有世职、荫监、恩恤金、恩抚金等待遇和荣誉。晚清时期，在甲午战败的刺激下，清政府开始采用西法，编练新军，对军人的优抚也发生了很大变化。

如官兵伤病者，除照常支取军饷外，还由医局诊治给药，并分等级给予补助。如果在军营中病故，士兵给丧葬银十两，军官给薪水三个月。凡阵亡者，无论官兵，均“赏饷薪二年”，对其家属还另有抚恤。1905年，清政府拟定了《陆军常备军退伍办法章程》，明确了退役军人的优待政策。四年后，清政府又颁布了《恤荫恩赏章程》，对阵亡、伤亡、因公殒命、积劳病故及临战受伤等军人的抚恤作出了明确而规范的规定。

在退伍士兵的安置方面，清政府在光绪年间也先后颁布了《退伍兵暂行办法章程》和《退伍兵应守规则》，强调了将退役士兵“送回原籍适中之地，分别遣教”的安置原则。在“中华民国”时期，国民政府曾实行募兵制和征兵制，同时也制定了一些相应的优抚法规。1934年公布了《陆军平战时抚恤暂行条例》，1936年7月军政部公布了《陆军士兵退伍归休实施暂行规则》，1947年12月国防部印发了《军人抚恤手册》等，对阵亡军人遗属、归休士兵规定了一定的优待抚恤和照顾。在管理办法的规范、抚恤优恤范围的区分和界定等方面都较前代有了新的进步。

（七）对于优抚制度的评价。所有这些新变化，都显现出中国军人的优抚政策已开始步入近代化的轨道。从优抚制度的起源和发展可以看出，对军人的优抚与人类早期的军事冲突的起源几乎是同时出现的。优抚制度的发展同军队建设和兵役制度是密切相关的。由于军队本身在夺取和巩固政权中所处的重要地位，历代统治者都将优抚工作视为激励军人忠勇作战，维护军队稳定的一项国策加以重视和推行，并逐步向法制化方向发展。但同时，由于国家政权的性质决定了军队的性质，对军人的优抚也直接反映出统治阶级的根本利益。从本质上来说，历史上统治阶级倡导和制定的这些优抚办法，目的都在于缓和阶级矛盾、驱使军人为其献身效力，以维护和巩固其统治地位。

封建社会中，由于军队本身在夺取和巩固政权中所处的重要地位，历代统治者将优抚工作视为激励军人忠勇作战的一项国策加以推行。比如，宋朝规定“军士经战至废折者，给衣粮之半，终其身；诸阵亡军士父母无妻、子、孙依倚者，人日给米二升，终其身”。这一规定涵盖了抚恤、供养等多个方面，使优抚工作的内容有了新的扩展。从本质上来说，历史上统治阶级倡导和制定的这些优抚办法，目的都在于缓和社会矛盾、驱使军人为其献身效力，以维护和巩固其统治地位。古代军人优抚制度是指国家为军人提供各种提高他们生活水平和优待的抚恤待遇。具体来说，军人享有致仕的养老待遇，享有国家专门提供的医疗及护理保障待遇，享有法定的休假待遇，其家属也享受基本生活待遇。

此外，我国古代的军人优抚还有一大特色就是其军人的家属也获得了为官的机会。比较典型的例子如明朝嘉靖年间的抗倭名将戚继光，其先祖戚祥就是在明朝初年为太祖亲兵，后在征战中阵亡，但为他的家族换来了世袭武职——明威将军，从此他的子孙代代习武，直到戚继光。

应该说古代军人优抚的待遇水平较之其他社会保障来说还是相当高的。当然，这也与其职业的巨大风险性和我国古代长期的王朝战争以及统治者自身的穷兵黩武有关。

第十节　对古代社会保障制度及实践的评价

建立完善的社会保障体系，是缓解社会矛盾、保证国家长治久安的物质基础，常被誉为维护社会稳定的安全阀。当今的中国已初步步入小康社会，原来不存在或不突出的社会问题随着改革开放的深入及人口老龄化速度加快等因素的影响，诸如社会分配不公、收入差别扩大、生老病丧等问题越来越突出，已然成为创建和谐社会不可忽视的问题了。新中国成立以来党和政府在建设社会保障方面制定了一系列规章制度，取得了一定的成效。改革开放以后，对社会保障制度进行了一系列改革，对促进经济发展和维护人民群众的社会保障权益发挥了重要作用。鉴古知今，中国古代的社会保障在制度建设和实践等方面的建树，在化解社会矛盾、维护社会稳定方面所具有的独特作用，对于建设有中国特色社会主义的保障体系仍然具有一定的借鉴意义。

中国古代虽无社会保障的名称，但却存在着救灾备荒、扶贫济困、养老抚幼的机构和制度，实际上已发挥了社会保障的作用。自古以来中国历代王朝均把对社会弱势群体的救助看作政府的责任，所以尽管社会保障这一名词出现在20世纪初，但作为一种制度形态，至少在我国的西周时期就已经产生。从西周到清前期的漫长历史进程中，形成了一套完整的社会保障体系。

关于中国古代保障体系的研究，20世纪80年代以后才引起人们的关注，取得了相当可观的研究成绩，但既有的研究大多偏重于某一方面（如救荒、仓储制度等），缺乏整体性，本章对中国古代传统社会保障思想的形成、发展过程、主要内容措施及不足进行初步的梳理，以使初接触者有一个较全面的了解。

一、我国古代社会保障的思想基础

（一）我国古代的大同思想是社会保障思想形成的初始基础。自春秋战国时期儒家所倡导的社会大同思想包含了社会保障最原始含义。如孔子在《礼记·礼运·大同》篇提出："大道之行也，天下为公，选贤与能，讲信修睦。古人不独亲其亲，不独子其子；使老有所终，壮有所用，幼有所长，鳏、寡、孤、独、废疾者皆有所养；男有分，女有归。贷恶其弃于地也不必藏于己，力恶习其不出于身也不必为己；是故谋闭而不兴，盗穷乱贼而不作，故外户而不闭。是谓大同。"

在孔子的思想里"天下为公"是大同社会的最高理想。孟子继承了孔子的大同仁爱思想，从巩固统治者地位的角度提出"善养老"的重要意义。《孟子·梁惠王上》中记载："若民，则无恒产，因无恒心；苟无恒心，放僻邪侈，无不为己，是故明君治民之产，必使仰足以事父母，俯足以蓄妻子，乐岁终身饱，凶年免于死亡；然后驱而之善，故民之从之也"，在《尽心上篇》中记载"伯夷辟纣，居北海之滨，闻文王作，兴曰：'盍归乎来！吾闻西伯善养老者。'天下有善养老，则仁人以为己归矣。五亩之宅，树墙下以桑，匹妇蚕之，则老者足以衣帛矣。五母鸡，二母彘，无失其时，老者足无失肉矣。百亩之田，匹夫耕之，八口之家足以无饥矣。"

"所谓西伯善养老者，制其田里，教之树畜，导其妻子使养其老。五十非帛不暖，七十非肉不饱，不暖不饱，谓之冻馁，文王之民无冻馁之老者，此之谓也。""老吾老以及人之老，幼吾幼以及人之幼，天下可运于掌”，“使民养生送死无憾，王道之始也。”

这些大同思想集中体现了我国古代社会保障思想的萌芽。大同思想影响深远，东晋时期的《抱朴子》、陶潜的《桃花源记》、洪秀全在《原道醒世训》中都引用了《礼记·礼运·大同篇》中有关“大同社会”的思想，1902年清末大思想家康有为所著《大同书》和民主主义先行者孙中山先生的民生主义思想也是在继承我国传统的大同思想基础上，各自描绘了自己心中理想的社会保障图景。

（二）传统儒家的正义人道思想是社会保障理念的道德原则。我国古代社会保障理念显然包含一种正义人道之心，孔子“鳏寡、孤独、废疾者皆有所养”的主张；《管子·五辅篇》中“养长老，慈幼孤，恤鳏寡，问疾病，吊祸丧”。这些同情、关怀、帮助社会弱者的思想在中国古代正义人道思想的发轫。有学者指出“人道思想是社会保障的灵魂，也是社会保障必须坚持的基本伦理道德原则”，而这种人道思想“来源于人的怜悯之心或将心比心的恻隐之心”。而正义对于社会保障制度意义主要在于使得受保障者获得某种救济帮助的权利正当性。而正义对社会保障的对象来说，保护了他们的应得权利，获得救济帮助的权利，也为社会保障找到了合理性和正当性，“与其说仁慈是社会存在的基础，还不如说正义是基础。虽然没有仁慈之心社会也可以存在于一种不很令人愉快的状态之中，但是不义行动的盛行却肯定会彻底毁掉它。”

（三）储粮备荒和与救济优抚的思想是社会保障思想的重要组成部分。古代社会生产力水平低下，人们战胜灾害和克服意外事故的能力很差，为了维持正常的生活和社会秩序，人们需要在丰年和歉年之间进行调剂余缺、储粮备荒，以丰补歉的思想和主张便应运而生，所以储存粮食以备灾荒和救济优抚的思想是我国传统保障思想中重要的组成部分。如《礼记》有记载："国无九年之蓄，曰不足；无六年之蓄，曰急；无三年之蓄，曰国非其国也"。春秋战国之际的思想家墨子提出同样的看法，他认为"国无三年之食者，国非其国也。家无三年之食者，子非其子也。"

汉代大臣贾谊在《论积贮疏》中说："管子曰：仓廪实而知礼节。民不足而可治者，自古及今，未之尝闻夫积贮者，天下之大命也。苟粟多而财有余，何为而不成？"到宋代有"天下无常丰之年，倘有缓急，不可无备"之说。明代也有"能积于不涸之仓，藏于不竭之府者，可御水旱之来，当患而为之备，即灾而为之捍者，可免流离之苦"之说。这种"仓储后备"思想对百姓生存保障的考虑，是一种朴素的社会保障思想。

（四）患难相恤和邻里互助思想是古代社会保障最切实的内容。中国古代社会以农业立国，以家庭为基本生产单位，自然村落和族群社区是社会的基本结构。在社会保障网络中，除了家庭和国家的责任外，乡亲邻里之间互助相帮是很重要的支撑体系。北宋大臣吕大防、吕大临兄弟与邻里亲友共同制定的《乡约》（也称《吕氏乡约》或《蓝田乡约》），把社会民众相互帮助的要求用契约规范的形式确定下来。

《乡约》的主要内容是：德业相劝，过失相规，礼俗相交，患难相恤。其中患难相恤就是要求凡同约者在别人遭遇灾难时发挥团体的作用互助互济，用大家的力量分担一家的风险，这种约定体现了中国古代村民朴素的社会保障精神。《吕氏乡约》的做法后经南宋朱熹推行于全国，成为中国农村很多地方采用的一种社会制度。王阳明亲自拟定的《南赣乡约》进一步规定了“死丧相助，患难相恤，善相劝勉，恶相告诫，息讼罢争，讲信修睦”的互助内容。

与患难相恤主张相关联的邻里互助思想在古代就已出现，如邻里相帮操办丧葬事宜等，体现了众人出力帮助分担灾难的思想，而最能反映这一思想的互助保障措施是社仓制度。社仓是始于隋代的我国古代仓储制度中一种特殊的形式，与其他仓储形式如平粜仓、常平仓等不同的是，它是以民间力量为主兴办的一种互助互济性质的备荒仓储。

（五）统治者“以民为本”的思想是古代社会保障得以实施的保证。“民”历来就是作为“君”——统治者相对立的群体概念而存在的。进入阶级社会以后，民的作用渐渐为统治阶级所认识，有作为的统治者都十分强调从民所欲、去民所恶，并以之为治国兴邦之道，把国之兴亡系于民心向背。由此可见，我国古代社会保障至少是由官方组织的保民利民措施，是基于这种民本思想的。《尚书·盘庚》中记载商代中兴君王盘庚曾有过“罔不惟民之承”“式敷民德”等说法，《周书·无逸》中说周文王力行仁政，采取惠民、保民之策，“怀保小民，惠鲜鳏寡”“用咸和万民”。

春秋战国时期是民本思想确立和发展的重要时期，各家各派的思想家们尽管政见学说不同，但在重视对“民”的研究、强调“民”的作用和地位方面则是一致的，诸如《左传·庄公三十二年》中说“国将兴，听于民；将亡，听于神”，《孟子·尽心章句下》中“得乎丘民而为天子”，《

荀子·王制》中“君者，舟也；庶人者，水也。水则载舟，水则覆舟”，《吕氏春秋·务本》中“宗庙之本在于民”等说法，无不体现了对“民”作用的重视。儒家的“民贵君轻”“节用爱民”观点以及《周礼》遇大事“致万民而询”制度，《礼记》“天下为公”思想早已为人熟知，即如一向主张极端君主专制的法家，也不敢轻视民的作用，早期代表人物管仲就说过：“政之所兴，在顺民心；政之所废，在逆民心”，把国之兴亡系于民心向背。由此可见，春秋战国时期的民本思想较之周公时期更趋丰富和深刻，至唐太宗时更是把民本思想发展为“存百姓”的思想。

二、古代保障制度的形成与发展

（一）先秦时期:传统社会保障制度的初步形成。先秦时期（主要是指春秋战国时期）诸侯争霸兼并，弱肉强食，使统治者逐渐认识到，实行保障民众基本生活的政策，可以赢得民众的拥戴和促进经济社会的发展，从而稳固自己的统治。以这种朴素的民本思想为基础，各个政权纷纷采取相关措施，构成了传统社会保障制度的早期形态。

先秦时期传统社会保障制度集中体现在《周礼》和《管子》这两部典籍中。《周礼》是记载周朝典章制度的书籍，其中对社会保障方面的措施多有涉及。《管子》相传为春秋早期齐相管仲所作，中心思想是论述治国平天下的方略，对社会保障制度的论述更为系统。

《周礼》有关社会保障制度的内容可归纳如下：

1.设立专门负责社会保障事务的官职：如“太宰”统管

全国事务，“医师”执掌医务政令，医治国中伤病者；“大司徒”管理荒政和救济孤寡事务；“遗人”负责日常及灾荒时的救济与施舍；“司救”在天灾疫病时有“以王命施惠”之责。

2.建立救灾备荒的荒政制度：《周礼·地官·司徒》提出了十二条旨在灾荒之年“聚万民”的荒政措施，要求在灾荒之年贷给民众谷粮、减轻租税、宽缓刑罚、免除劳役、开放关市山泽、免除市场货物的稽查、简化吉礼与丧礼的礼仪、收藏乐器不奏、简化婚礼以增加民众结婚机会、求索重修旧有而已废的祭祀和铲除盗贼。《周礼·周官·人》对备荒仓储建设也相当重视，要求：“掌邦之委积，以待施惠。门关之委积，以养老孤”以备天子施惠；乡里所余用以救济困乏之民，门关所余用以抚恤阵亡将士眷属，县都所余用以荒年救济。

3.提出“保息”六政，实行普遍社会救助：《周礼·地官·司徒》在“大司徒”的职责中提到:“以保息六养万民，一曰慈幼，二曰养老，三曰振穷，四曰恤贫，五曰宽疾，六曰安富。”“慈幼”即爱护儿童，“养老”指尊养高年，“振穷”系救助困穷者，“恤贫”乃周济贫苦者，“宽疾”意为宽免残疾之人徭役负担，“安富”指安定富裕之人，救助面覆盖了各类人群。

4.《周礼》还要求在基层社会建立民众互助组织：利用社会力量参与社会保障事业，即《地官·司徒》中所说的“令五家为比，使之相保；五比为间，使之相受；四间为族，使之相葬；五族为党，使之相救；五党为州，使之相稠；五州为乡，使之相宾”。

《管子》对社会保障政策的论述是先秦诸子著作中最具代表性，也最为系统的。其内容如下：

1.兴“六德”，即厚其生、输以财、遗以利、宽其政、匡其急、赈其穷。

要求统治者改善人民生活、给他们输送财物和提供便利、实行宽厚的统治及救人于危急穷困。

2.行“九惠之教”：《管子·入国》中说到，在刚刚主持国政时，须力行“九惠之教”，即养老、慈幼、恤孤、养疾、合独、问病、通穷、赈困和接绝九种惠民政策，对老弱病残、孤苦无依之人进行生活救助。

3.举行荒政：从灾前预防到灾后救济，《管子》提出了一系列措施。在《四时》篇中，反复强调“治堤防，耕耘树艺，正津梁，修沟读”“端险阻，修封疆，正千伯”等举措的重要性，要求做好农田水利建设，预防自然灾害的发生。

《管子》对备荒仓储建设也相当重视，《牧民》篇中说:“凡有地牧民者，务在四时，守在仓察积于不涸之仓者，务五谷也；藏于不竭之府者，养桑麻育六畜也。”这样即便发生凶旱水涝，民众自可“无入于沟壑乞请者也”，对仓储的作用已有充分认识。在此基础上，《轻重甲》篇中更主张官府设立公仓，以调节市场粮价，打击富商巨贾囤积居奇的行为，开后世常平仓之先河。在灾后救济上，《管子》除提出薄征、贷种、散仓粟等措施外，还要求实行“以工代赈”的积极救灾措施。

从内容上看，《周礼》和《管子》均对先秦时期官方实施的社会保障政策、制度有所反映，其中《周礼》在较大程度上如实地记载了当时的社会现实，《管子》则更多地属于社会保障制度的构想。

相较而言，《管子》的社会保障思想和措施更为宽泛和系统，不仅注重平时对鳏寡孤独、贫苦老幼人等的救助，且强调改善人民的生产条件、生活环境和生活质量；不仅主张灾后的救助安抚措施，而且更要求政府未雨绸缪，在灾前采取预防措施，以使灾害减到最小程度，在不少方面可以弥补《周礼》所未备。虽然《周礼》和《管子》所载各项社会保障措施在推行的力度和广度上还不能和后世相比，但从所述内容看，已构建了中国传统社会保障制度的基本框架。

（二）从秦汉到唐宋：传统社会保障事业的发展。自秦汉开始，中国进入了封建大一统时期，专制主义的中央集权制度得以确立。出于巩固统治的需要，绝大多数王朝制定并实施了各种维护社会安定的政策措施，进一步发展以灾害救助、尊老养老和扶贫济困为主要内容的传统社会保障制度。

1.荒政制度的发展作为传统的农业大国，荒政在中国传统社会中受到格外重视。《周礼》和《管子》对荒政的论述已相当系统。秦汉专制主义中央集权国家建立后，荒政事业得到了继续发展，这主要表现为救灾的制度措施更趋严格，以及备荒仓储体系的形成。

汉代的救灾工作已出现程序化趋势，如《汉书·成帝纪》记载西汉成帝鸿嘉四年(公元前17年)，“水旱为灾，关东流冗者众，青、幽、冀部尤剧”，成帝接报后“遣使者循行郡国”先行勘灾，并据此采取救灾措施:“被灾害什四以上，民赀不满三万，勿出租赋。逋贷未入，皆勿收”，已形成报灾、勘灾和救灾等基本程序。

经过长期的实践，至唐宋时期，救灾的制度措施渐趋严格，各项规定也更为明确。唐代发生灾荒后，地方官必须向中央报告灾情，再由中央或者地方政府委派官员巡视灾区和主持救灾工作。根据灾情的轻重，救灾的力度也有详细规定。如《唐六典·尚书·户部》中规定“凡水旱虫霜为灾害，则有分数：十分损四以上，免租；损六以上，免租调；损七以上，课役俱免；若桑麻损尽者，各免调，若已役已输者，听免其来年。”宋代以后救灾程序愈益完备。

2.备荒仓储建设是荒政的重要组成部分。秦汉以来，相继出现了常平仓、义仓和社仓等专门备荒仓储。常平仓是中国最早出现的专门用以备荒的仓储设施，据《汉书·食货志》载，西汉昭帝时大司农中丞耿寿昌“令边郡皆筑仓，以谷贱时增其贾而籴，以利农，谷贵时减贾而粜，名日常平仓。民便之。”常平仓制自此确立。义仓立于隋代，《隋书·食货志》载隋文帝开皇五年(585年)，工部尚书长孙平上奏:“请令诸州百姓及军人劝课，当社共立义仓，收获之日，随其所得，劝课出粟及麦，于当社造仓窖贮之，即委社司执账检校，每年收积，勿使损败。若时或不熟，当社有饥馑者，即以此谷赈给。”南宋乾道年间，大儒朱熹鉴于常平仓、义仓之不足，又立“社仓法”，创建采用“春借秋还”之法救助灾民的社仓。

至此，常平仓、义仓和社仓这三种在中国历史上推行最广、影响最大的备荒仓储已全部出现，构成较为完备的备荒仓储体系。后世仓储虽名称种类繁多功能日趋细化，但万变不离其宗，无不与常平仓、义仓和社仓有着渊源关系。

3.养老政策的变化：在中国传统伦理道德中，孝道占有特别重要的地位。《孝经》认为:“夫孝，天之经也，地之义也，民之行也。”统治阶级更认识到，孝道与忠君有着密切的联系，所谓“忠臣以事其君，孝子以事其亲，其本一也”，大凡尽孝之人都会忠君，所以往往提倡“以孝治天下”，把推行孝道上升到国策的高度。

作为孝道的具体表现，尊老养老自然备受重视，历代王朝制定和颁布了大量有关养老的礼仪法令，形成较为系统的养老政策体系。西汉除继承先秦“问疾”之制，对老人时加“存问”外，还采取“高年赐王杖”的做法，提高老人的社会地位，原则上年过七十的老人皆可受赐“王杖”，享有政治、经济和法律上的各种优待。东汉、北魏、北齐及唐代也有施行。先秦时期赐予老人财物的做法也被继续沿用，并逐步走向常规化和制度化。

《汉书·文帝纪》记载:“诏曰:有司请令县道，年八十已上，赐米人月一石，肉二十斤，酒五斗。其九十已上，又赐帛人二疋，絮三斤。”《宋书·文帝纪》《宋书·孝武帝纪》记载南朝刘宋时，曾要求“其高年、鳏寡、幼孤、六疾不能自存者，可与郡县优量赈给。”北魏孝文帝在位期间，几乎每年都有救助孤老贫困的作为。唐宋时期，帝王对高年老人的物质赏赐亦从未中断。在赋役和法律上，老人也享有各种优待。

《管子》中已有七十以上老人“一子无征”，八十岁以上“二子无征”，九十以上“尽家无征”的规定。西汉时规定，担任乡三老者，五十岁即可“复勿徭戍”，一般平民六十岁亦可免役。北魏孝文帝时，分别有七十岁以上、八十岁以上“一子不从役”的诏令。唐代推行均田法时，规定老人受田四十亩，可以不交赋税，另外还实行“给侍”制度，“凡庶人年八十及笃疾，给侍丁一人，九十给二人，百岁三人。”至天宝年间改为：“其天下百姓，丈夫七十五已上、妇人七十已上各给中男一人充侍，仍任自简择。至八十已上，依常式处分。法律上的优待主要体现为老人可从轻量刑。早在西汉时期，诸如“民年七十以上有罪当刑者，皆完之”，“年八十以上，八岁以当鞠系者，颂系之”，“诸年八十以上，非诬告杀伤人，它皆勿坐”之类的规定已屡见于史书。至唐朝，这种做法更被载入法典，影响深远。《唐律疏义》中规定：“诸年七十以上、十五以下及废疾，犯流罪以下，收赎”；“八十以上、十岁以下及笃疾，犯反、逆、杀人应死者，上请。”唐律为后世历代法律之蓝本，故这种做法被历朝所沿用。

4.对鳏寡孤独和贫病之人的救助：《孟子·梁惠王下》记载：“老而无妻曰鳏，老而无夫曰寡，老而无子曰独，幼而无夫曰孤，此四者，天下之穷民而无告者。”作为社会弱势群体，鳏寡孤独和贫病之人一起成为传统社会保障事业重点救助的对象。历代统治者大体上沿用了救助鳏寡孤独和贫病之人的社会保障措施。

西汉诸帝赐给民众财物时，已将鳏寡孤独列为主要对象之一。如汉文帝元年(公元前179年)，“赐天下鳏寡孤独、穷困及年八十已上、孤儿九岁已下布帛米肉各有数”。文帝十三年又诏“赐天下孤寡布帛絮各有数”。

东汉颁布的诏书中，更将“笃癃”单列为专门救助对象。汉成帝建始元年规定：孤、独、盲者及侏儒，官吏不得擅自征召，狱讼时不需缚绑；寡无子之人结为夫妇后，农耕不收租，经商不征赋。

唐朝实行均田制时，“笃疾”“废疾者”与老人一样，有着受田却“不课”的优惠。魏晋南北朝时期，虽战乱频繁，但各割据政权为了笼络民心、扩张势力，仍多有救助孤贫的作为，六疾馆和孤独园之类的专门救助机构即出现于此时。据《南齐书》记载：“太子与竟陵王子良俱好释氏，立六疾馆以养穷民。”“六疾”为当时各种疾病的泛称，说明六疾馆的职能是收养贫病者。南朝梁武帝普通二年(521年)，梁武帝诏云：“凡民有单老孤稚不能自存，主者郡县咸加收养，赡给衣食，每令周足，以终其身。又于京师置孤独园，孤幼有归，华发不匮。若终年命，厚加料理。尤穷之家，勿收租赋。”六疾馆与孤独园的创立，开了国家设立专门机构集中救助鳏寡孤独和贫病无依之人的先例。此后，类似的救助机构代有所闻。

唐朝武周长安年间，设立“矜孤恤穷，敬老养病”的悲田养病坊。宋朝的救助机构种类更多，设置更为普遍。北宋初年于开封设立东、西福田院，收容老幼、乞丐及残疾之人，宋仁宗嘉佑八年(1063年)，又增置南、北二福田院；宋徽宗即位前后，举办收养安置鳏寡孤独贫民的居养院和以救疗贫病之民为主要职能的安济坊，后二者逐渐合流，遂成后世养济院前身。《宋史·食货志》记载：“熙宁二年，京师大雪，诏老幼贫疾无依者，听于福田院，额外给钱收养，春稍暖为止”。此外，类似机构还有广惠院、实济院、安养院、利济院、安乐坊、安乐庐、安乐寮、举子仓、婴儿局、慈幼局、合剂局、太平惠民局、施药局等。

5.民间社会救助组织出现：除了国家实行的社会保障政策，这个阶段值得注意的现象是，民间社会主持的社会救助组织开始陆续出现，成为传统社会保障事业的有机组成部分。虽然《周礼》中已有民间社会建立互助互救组织的要求，但严格说来，这种做法仍属官方的制度设计。秦汉时期也有大量民间人士救恤孤贫的记录，然而并未形成专门的慈善救助组织。东魏初年范阳郡范阳县出现的“义”这样一个从事收埋无名尸骸的团体，应是中国最早的民间慈善救助组织。后来，随着佛教僧侣的积极参与，“义”逐渐演变为佛教慈善组织，善举范围有所扩大，开始救济饥民、散给“义食”和为贫病者提供医药。

民间社会救助组织出现的另一表现是宗族义庄的创立。北宋皇佑年间，范仲淹尽出多年俸禄所余，于故乡苏州买田千亩，捐为范氏宗族公产，建成中国最早的义庄——范氏义庄。从范仲淹手订的“义庄规矩”看，范氏义庄的收入主要来自田租，用于补助宗族成员生活，“供给衣食及婚嫁丧葬之用”。虽救助范围主要限于宗族成员，但在一定程度上起到了保障社会弱势群体作用。综上所述，从秦汉至唐宋，社会保障制度有明显发展，这首先表现在官方制定并实施的社会保障政策方面，不仅规章条令日益完善，而且各种专门的组织机构已次第发展成型。虽然此后的元、明、清历代政权大多沿用，但从保障手段和机构种类上看，基本上未能超越宋代。可以认为，传统国家的社会保障制度至宋代已基本定型。其次，民间社会主持的慈善事业也开始出现，某种程度上补充了国家社会救助政策的不足。虽限于规模和数量，尚未发挥应有的作用，但随着历史的发展，其在社会保障制度中的作用愈益显得重要。

(三)明清时期:“官民合力”与传统社会保障体系的完善。明、清两朝继承并发展了历代王朝的社会保障政策。荒政方面，制定了严格的救灾程序，广泛设立常平仓、义仓和社仓等备荒仓储；在救助社会弱势群体方面，设有养济院、孤老院、惠民药局等救助机构；在养老政策上，颁布各种诏谕法令，承袭了免除老人赋役、赏给老人财物以及提高老人社会地位的种种做法。此外，明清时期还出现了一个引人注目的新动向，即民间救助组织蓬勃发展，在传统社会保障体系中发挥了越来越重要的作用。

1.国家的社会保障政策：虽然明、清两朝的社会保障政策措施基本上沿袭宋代而来，没有取得重大突破，但这并不意味着停滞不前。事实上，明清时期许多社会保障的政策措施比宋代更加周密细致，而且由于国家一统，各种政策、制度在全国范围内得到了普遍施行。在备荒仓储的建设方面。

明代政府先后在全国各地推行预备仓、常平仓、社仓和义仓，《清朝通志》卷八十八《食货略八》中“由省会至州郡俱建常平仓，乡村则设社仓，市镇则设立义仓”的记录表明清代的规定更加严密。在救灾程序方面，救灾程序也进一步完善。

明朝时，“报灾之法，洪武时不拘时限。弘治中，始限夏灾不得过五月终，秋灾不得过九月终。万历时，又分近地五月、七月，边地七月、九月。”救灾手段除润免赋税外，还有赈米赈粥之举，数量也有明确规定，“赈米之法，明初，大口六斗，小口三斗，五岁以下不与。永乐以后，减其数。”清朝顺治十年(1653年)即有关于报灾时间的明确规定:“夏灾限六月终，秋灾限九月终。”后来根据实际情况的需要，又陆续作了一些修改。康熙七年(1668年)将八旗秋灾报灾期限提前至八月十日；乾隆七年(1742年)，将收获期较晚的甘肃省报灾期限推迟一月。在勘察灾情方面的规定更是十分具体。重灾须由督抚大员亲自踏勘并奏报；轻灾可由府县官员勘察，然后逐级上报。受灾州县需事先刊刻“简明呈式”(表格)，填报灾民及被灾田亩的各项内容，最后根据踏勘情况核造总册，并绘出受灾地图，连同地方拯济意见一并上报。在救灾办法方面更是多种多样，包括调免等各种措施。在救助社会弱势群体方面。为弱者提供院内救济的居养机构较为普遍，如明朝朱元璋于洪武三年，命令全国州县普设惠民药局，此外还设置栖流所、养济院等，给贫困病疾者以救济。

明英宗时，设置东、南、西、北四座“福田院”，共计收容300人，每年国库拿出500—800万两白银，安置贫疾者和解决鳏、寡、孤、独者的基本生活问题。明太祖洪武元年(1368年)八月下诏:“鳏寡孤独废疾不能自养者，官为存恤。”“诏天下郡县立孤老院(即养济院)”，至永乐十年(1412年)，已形成“天下府州县俱有惠民药局、养济院”的局面。清朝时除核造总册，并绘出受灾地图，连同地方拯济意见一并上报。在救灾办法方面更是多种多样，包括调免等各种措施。在救助社会弱势群体方面。为弱者提供院内救济的居养机构较为普遍，如明朝朱元璋于洪武三年，命令全国州县普设惠民药局，此外还设置栖流所、养济院等，给贫困病疾者以救济。明英宗时，设置东、南、西、北四座“福田院”，共计收容300人，每年国库拿出500—800万两白银，安置贫疾者和解决鳏、寡、孤、独者的基本生活问题。明太祖洪武元年(1368年)八月下诏:“鳏寡孤独废疾不能自养者，官为存恤。”“诏天下郡县立孤老院(即养济院)”，至永乐十年(1412年)，已形成“天下府州县俱有惠民药局、养济院”的局面。

清政府延续了这种做法，要求“各处设养济院，收养鳏寡孤独及残疾无告之人”，清自雍正起，在各地设置普育堂，其中育婴堂负责收容和养育弃婴，普济堂为老年、残疾无依靠者提供住院救济。各项制度措施均有明文规定，此外还专设栖流所，以收养流民。延至晚清，清政府又在各地推行“教养兼施”的工艺局、习艺所，较之先前社会救助机构“只事收养”的做法又有较大进步。在养老政策方面。明朝除推行尊老尚德的“乡饮酒礼”外，还对孤贫老人实行终身养老制度，“若贫无产业年八十以上者，月给米五斗、肉五斤、酒三斗。九十以上者，岁加帛一匹，絮一斤。其有田产能自赡者，止岁给酒肉絮帛。”清代继承了免除老人赋役、予以老人法律和政治上的优待等做法，还开始对致仕官员实行“半俸”制度，即退职官员仍可领取原有俸禄的一半，以备养老之用。

2.民间社会救助事业的兴盛：明清时期民间救助事业的兴盛主要表现在两个方面:

（1）由地方社会主持的各类慈善组织的兴起；

（2）宗族义庄的增多。两者虽救助对象各有侧重，但都起到了补官方制度政策所未及的作用。

明清之前，民间慈善组织仅是零星出现。明朝后期开始，民间慈善团体日渐增多。崇祯年间，江南地区的武进、无锡、嘉善、太仓、昆山等地先后设立了同善会，采取成员定期聚会、捐集经费的方式，实施寒者给衣、饥者给食、病者施药、死者施棺等救助措施。值得注意的是，除贫穷这一物质标准外，同善会还对救济对象提出了严格的道德方面的要求。

明代的民间慈善组织团体尚处起步阶段，数量不多，救助措施和救助对象都有很大局限。延至清代，这种情况发生巨大变化，在社会各阶层的踊跃参与下，慈善组织团体数量急剧增加，且财力雄厚、活动经常，救助内容多样全面，覆盖了为数众多的困难人群。

民间慈善事业呈现出蓬勃发展的态势。以江南地区为例，清代慈善组织数量增势迅猛，各县设立善堂少则十多个，多至五六十个，并开始从大中城市向市镇普及，救助面延伸到广大乡村地区。慈善组织的种类极为繁多，育婴堂、保婴会、恤孤局、儒寡会、洗心局、归善局、迁善局、芹香堂、同仁堂、博济堂、养牲局、惜谷会、惜字会等不同名称种类的慈善机构，实行收养弃婴、救助寡妇、教育和管束少年子弟、施衣施米、施棺代葬乃至放生、惜谷、惜字等形式多样的救助，涉及民众生活的方方面面。慈善组织的经费来源也大为扩充，不仅地方民众积极捐献财物，官方也常发起募捐，或直接动用地方财政加以支持，使得慈善组织资金充裕，财力雄厚，如苏州育婴堂在乾隆年间一次便得到地方政府12000多两白银的资助，至同治年间已拥有田地13448.3亩。凭借雄厚的财力，慈善组织的运营日趋经常和活跃，救助了大量的困难人群。

明清时期民间社会救助事业兴盛的另一表现是宗族义庄的大量涌现。自范氏义庄出现以后，后世仿效者络绎不绝，清人陈奂在《济阳义庄记》中曾这样说道:“范氏设义庄以赡族之贫，至今吴人效法者颇众。”仅以苏州为例，宋代设有4个义庄，明代有8个，清代高达185个，即便只算1840年之前的数字，也有45个之多，说明义庄的数量得到了迅速增加。

晚清是义庄设立最为普遍的时期，以致出现了“义庄之设普天下”的说法。遍布各地的宗族义庄，救助了大批孤苦贫病者，成为传统社会保障体系中不可或缺的一环。明清时期，义庄的救助内容一般包括教育救助和生活救助两大类。在科举时代，通过读书取得功名，进而博取一官半职，无疑是普通民众出人头地、光宗耀祖的重要渠道，所以宗族义庄对教育事业格外重视，除设立义学、义塾教育子弟外，还采取物质补助的办法，激励子弟积极参加科举考试；在保障族人生活方面，财力特别雄厚的义庄，往往有不限贫富，对族人予以普遍物质补助的举动，但总体而论，义庄的救助对象仍以贫苦族人为重点，诸如鳏寡、贫病、孤儿之类的宗族成员，不仅平时可从义庄定期领取生活救济，逢有红白喜事，更可得到义庄的额外津贴。义庄的救助对象一般以族人为限，但赈济乡邻之事也不罕见，如范氏义庄的章程中即规定:“乡里、外姻、亲戚如贫窘，中非次、急难或遇年饥不能度日，诸房同共相度诣实，即于义田米内量行济助。清代苏州潘氏建立的丰豫义庄，救济对象全部是地方贫民。由于善堂和义庄等民间救助组织的设立，有利于保障民众生活，维持社会秩序，封建官府往往大加提倡。

各种善堂的设立，不仅多可得到官方的表彰，有时还能得到官府的财政支持。义庄的大量出现，与官方的倡导也是分不开的。如清代雍正帝在《圣谕广训》中就明确要求“立家庙以荐尝，设家塾以课子弟，置义田以赈贫乏，修族谱以联疏远”，鼓励民间建立义庄。在民间社会的积极参与和官方的大力支持下，明清时期的民间救助事业出现了兴旺发达的局面，各种民间救助组织的存在，弥补了官方社会保障制度的不足，救助了大量的困难人群，在传统社会保障体系中起到了难以替代的作用。这种官方和民间并行不悖、相互补充的“官民合力”模式，使得明清时期传统社会保障体系更趋完善。

三、中国古代社会保障措施的特点

（一）封建政府虽然有保障措施，但人民群众的生活和生产方面所得到的保障主要还是由其自身的家庭和亲朋邻里所提供，所实行的是一种自我保障，还谈不上社会保障。

在我国几千年的封建社会里，社会的主体是农民，小农的自然经济是最基本的生产方式。在这种经济条件下，家庭是社会的基本单位，承担着生产、养育和赡养相统一的传统社会功能。每个家庭的幼儿由家庭抚养，老人由该家庭供养也是自然而然的事情。由于老人曾是一家之长，为这个家庭尽心尽力、操劳一生，为这个家庭做出了重要贡献。当他们年老失去劳动能力时，他们的子女，即这个家庭新的当家人就理所当然地承担起赡养的义务。当遇到无力克服的自然灾害和巨大困难时，由于政府的赈济往往靠不住，又缺乏有效的社会保险系统，能够给予援助的社会力量也只有亲朋和邻里。但一旦发生特大自然灾害，亲朋邻里也同样需要援助，谁也无法伸出援助之后，导致人们离乡背井，弃家逃亡，造成赤地千里，死者盈路的惨相。在封建时代，一个个孤立的家庭是很难在自然灾害面前进行自我保障的。

(二) 政府保障措施的不普遍与不经常。封建政府的救灾救荒措施，既不普遍，又不经常，在很大程度上还受经济政治条件的限制，所以其作用是十分有限的。如何对付自然灾害，在先秦时代就引起了人们的关注，以后的历朝历代也都结合当时的实际情况采取了一些措施。但这些措施所起的作用是十分有限的。如唐代义仓虽然成为固定制度，但安史之乱后，由于藩镇割据，战乱频繁，国家军费大增，再加上官吏侵吞，义仓的粮粟多被夺作他用。义仓给予农户的赈贷也随之减少下来。由于赈贷粮谷的分配和发放都由封建官吏和当地的大地主把持，他们往往假公济私，贪赃枉法，中饱私囊，因而赈灾救济的实效也就荡然无存了。

(三) 社会保障措施的非制度化。社会保障实施远远没有制度化，还往往听命于最高统治者的意志。政治清明、社会稳定、经济发展的盛世，这一制度还可以很好地贯彻，但在吏治昏浊的时代，中央政府控制削弱，官贪吏虐，社会保障制度也就名存实亡。特别是进入封建社会后期，封建专制极权的强化，封建剥削趋于加强，并伴随人地矛盾的突出和自然生态环境的恶化，人民生活环境更趋艰难。这时社会保障缺少明确的法制保障、保障管理混乱、社会保障覆盖面窄、资金严重不足、保障水平低等弊端充分暴露出来，如在明代天启七年 (1627)，陕北灾荒严重，灾民在食完野草后食树皮、高岭土，甚至人相食时而有闻，然而各级官吏不仅不加以赈济，反而隐匿灾情，催收“三饷”甚急，终使广大民众举行起义，酿成声势浩大的明末农民起义。《明史》卷三百九十篇记载“是时，秦地所征曰新饷，曰均输，曰间架，其目日增，吏因缘为奸，民大困，无所得食，俱从贼”便是社会保障被破坏导致封建王朝溃灭的一个明证。

综上所述，中国古代在奴隶制经济、封建制经济的高度发展基础上孕育了高度发达的中华文明，其中包含了具有丰富内涵的社会保障的思想和具有切实功效的社会福利措施，这些措施作为家庭保障制度体系的补充，起到了救助危困、分担风险、促进生产、稳定社会的作用。虽然中国古代社会保障思想和措施极其朴素、零散，极其原始、自发，不具有现代社会保障制度的系统、全面、科学、高效等特征，但它们毕竟是中国社会保障发展史上的第一个阶梯，它们所弘扬的仁爱、大同、敬老、慈幼、济困、助残、互助互济、患难相恤的精神，成为中国现代保障制度的思想内核，所推广的社会保障措施，也为后来中国社会保障事业的开创和发展，提供了众多的借鉴。

[illegible]一个脚印。

[illegible]中国古代社会保障制度[illegible]

[illegible]

[illegible]富裕等特征，但它[illegible]

[illegible]中国社会保障事业的建立和发展[illegible]

第三章

古代社会保障的主要特点

第一节 古代社会保障的现代性

社会保障制度是从传统社会走向现代化国家的一种产物。西方社会保障制度源起于英国，从社会救济发端，已有近500年历史，经历了一个从社会救济到社会保障，从保障特殊群体到覆盖全社会，从救助补缺型到普惠福利型的发展过程。社会保障是现代国家的重要标志，是从传统社会走向现代社会的产物。

一、社会保障的发展历程

依据社会学共同体“二元论”的评判标准，现代社会区别于传统社会最重要的特征之一就是，前者的运作方式完全服从于个体利益最大化和市场竞争的理性法则，而后者则受制于主要由传统的道德观念、价值体系和行为规范构成的历史继承的“结构”，即宽泛意义上的文化。按照比较流行的观点，社会保障制度成为全球性的普遍制度大约经历了四个阶段的演变：

1601年英国旧《济贫法》的颁布，标志着社会保障制度的萌芽，1883年—1889年德国三项社会保险法案的颁布，标志着社会保障制度的正式建立，1935年美国罗斯福新政的重要法案《社会保障法案》的颁布以及二战后英国重建计划《贝弗利期报告》的颁布，分别成为社会保障制度史上两个重要的里程碑。

此后，以20世纪70年代的石油危机为界，社会保障制度进入改革与调整阶段。工业主义理论认为，社会保障的发展与福利国家的产生是经济增长及相关经济社会结构变迁的产物。该逻辑从结构功能主义角度出发，将工业化、城镇化及以此导致的家庭、社会结构的变迁，视为社会保障发展的动力。国家因生产体制变迁而演进的社会风险，建立起各类社会保障项目，并最终走向福利国家。

二、社会保障的现代性体现

社会保障是一种制度化的经济关系，是现代社会支持体系的基础，是制度化的经济资源分享机制；社会保障作为一种国家立法强制实施的、对社会成员提供经济保障的制度，起源于现代工业社会的萌芽时期；社会保障是现代社会的一种基本的保障方式，它是人类社会以熟人关系为纽带的“关系型”社会向“规则型”社会发展过程中的产物。按照“工业制度分析法”的思路，社会保障是市场经济和社会化大生产的产物。

世界范围内的现代强制性社会保障制度起源与发展脉络大致如下：家庭帮助邻里照顾——教会施舍——工会互助——工场保险——行业保险——社会保险——社会保障。如果超越社会经济的眼光，可以轻易看出社会保障不仅仅是与现代社会相适应的一个范畴，同时也是与人类历史相始终的一个范畴。

社会保障是人类“利他”本能的外在化和社会化，是人类社会理想的一种实践方式，也是维持社会正常运行的一种稳定机制。在具体社会生活中，它的基本内容体现为每个社会成员在其生命周期中因先天因素和生命的自然演变而失去谋生能力，或因后天的灾害、疾病、意外事件、失业等原因陷入贫困、失去谋生能力时，从国家或社会所获得的基本生活保障。也体现为国家或社会为提高其成员的生活水平，褒奖特殊群体所提供的经济福利待遇。

国家承担社会保障的责任开始于个人的自由，伴随着所谓启蒙思想的兴起，所有社会成员都应享受平等的权利。个人必须对自己负责，必须为自己的生存提供所需的物质资料，在公民社会，个人也需要为自己的家庭负责，从某种意义上说，在西方社会，个人责任是社会保障最基本的原则之一。我国目前的社会保障多体现为国家责任型，一是受传统型国家历史惯性的路径依赖影响，二是由于当下经济发展与人民思想与精神的自由度不成正比，民众依旧不能很好地认识到自身权利与义务的来源与使用方法，所以我国社会保障制度化仍走在不断纠偏与完善的道路上。由于社会保障制度是一个庞大的制度体系，目前我国社会保障学界公认的制度体系包括社会保险制度、社会福利制度、社会优抚制度和社会救济制度四大项目，其中社会保险制度是核心，以该完整体系搭建我国社会保障的架构，以此分块而递进式地了解我国社会保障制度建立和发展的历史进程与制度成绩。

现实情况是我国1958年起构筑城乡“二元”经济社会结构，与此相应的是，国家对城乡居民实行完全不同的社会保障措施。此后，城乡居民的社会保障待遇在城乡经济两条不同速度的轨道上发展，其差距也愈发加大，相应地产生一系列社会经济问题，而这些问题正是引导其后社会保障制度在各个层面上进行不断地发展完善的契机。

三、中国社会保障文化源流

传统的社会伦理文化铸就了中国传统社会保障内在的思维方式、价值观念和行为规范，以孝为核心的尊老思想是中国当代家庭保障最重要的思想渊源，甚至是一种国民性格。民本思想。体恤弱势阶层并保其生存的政策主张。大同社会思想、体恤互助的乡规民约，古代传统的社会保障和社会保障文化有家族色彩浓厚、保障形式单一和保障水平偏低的特点。随着社会主义市场经济的深入发展，体制转型，社会转型，人们逐步形成了以劳动和社会保障事业为载体，以宗旨意识、创业精神、道德修养、业务素质、从业理念和工作氛围为具体表征的一种综合文化。其与时代相切合的特征有：社会性、多样性和时代性。

(一) 家庭保障的体现。家庭保障是指由家庭提供的对家庭成员的生活保障，它包括经济保障、服务保障和精神慰藉等内容。在家庭保障中，家长或家庭主要成员充当着责任主体，每个家庭成员有较为明确的分工，从而形成了家庭成员之间的长期互惠的内生机制。家庭在传统中国不仅是一个保障机制，也是一个制度范畴：不仅是生产、生活和娱乐的中心，也是国家治理的基本单位。

随着现代化进程的加速，中国家庭结构产生的变化如下：家庭结构规模的小型化、家庭结构方式的多元化、家庭人口结构的老龄化和婚姻家庭观念的淡化。20世纪80年代，美国著名的未来学家托夫勒曾在其著名的《第三次浪潮》中预测：在第三次浪潮到来时，形式单一的家庭结构将被打破，核心家庭将不再是社会仿效的理想家庭形式，我们将生活在一个包括独居、不育、离婚、单亲、多父母、同居等各种文化构成的、有多样化家庭形式的社会中。在社会主义里，社会保障程度体现的是“积累与消费”的关系，本质上是社会财富如何在生产与消费之间切分的问题；在资本主义国家则更多的是“成本与收益”的关系，本质上是如何以较少的社会保障成本，保证私人部门的高生产率和利润率问题。

（二）中国社会保障现代性历史文化发展。由传统型走向现代型，体现为临时性转变为制度性，随意性转变为强制性，伴随着国家性质的变化，社会保障政策双方的关系也相应有了巨大的转变，在古代，社会保障是统治阶级进行阶级统治的工具，既可以当作显示君亲政清的标榜，又可以当作随意玩弄的权术，准确意义上并不能称之为社会保障，领受者所怀的也是臣民的心态，感念皇恩浩荡，被皇权洗脑后只存下义务与服从的“顺民”观念，完全丢失了权利与反抗的“逆子”心态，物质的恩惠加上严酷的刑律致使民众生活在巨大的政治压力与生活压力下。鲁迅先生说，中国历史是有两个时代，一个是“做稳了奴隶的时代”，另一个是“想做奴隶而不得的时代”，受压迫的人反倒维护起施加压迫者的各种特权，这种心智的蒙昧与社会的高压使得特权一再被巩固与神化。

中国古代社会之所以存在了两千多年，大致是因为中国民众因为植根于土地与粮食，在根性上就像一棵麦苗，只盼望风调雨顺，来年吃饱穿暖而已，其他所谓的争取都是空谈。不过中国是个善于变通的国家，中国人民其实个个都是哲学家，不论远古的诡辩论还是当下的各种科学与伪科学之争，都能看出，真理在中国并不具有高辨识度与接收度，相反，“识时务者为俊杰”倒是最为要紧的判断标准。在中国，对同一社会事实或具体事件可以形成截然不同的两派观点，一种说法是“穷则变，变则通”，另一种说法是“吃饱了撑的”，可见不足与富余在中国确实是危机的爆点。不难理解，历朝历代的统治者都知晓的治国驭民的良策类似于现代科学管理中的“胡萝卜加大棒”，既不能饿坏了老百姓，也不能惯坏了老百姓，在“家天下”的统御思维下，百姓像是附生寄居的生物，求稳是庞大生物体最佳的生存路径。

联系当今社会，“维稳”依然是每年常提常新的话题与任务，从国民的根性上说，中国并不是一个求新求变的国度，也并不具有科学规律指导的头脑，“匹夫之勇”更大意义上是一个贬义词，因为在现代化程度越来越高的社会，关系与网络将个人结点连接并贯通，曾有外文诗言“没有人是一座孤岛”，当我们对他人的苦难不闻不问时，终有一天，丧钟会为自己而鸣，现代意义上被强调的互联网思维并不是特属于计算机世界的术语，它更是一种思维方式或者说是世界观，即我们看待世界的方式。

马克思主义哲学论说世界是普遍联系的整体，随之混沌理论中的“蝴蝶效应”原理也对其作出了正面的回应，系统内一端点微小的变化会导致另一端点巨大的量变甚至质变，而互联网思维正是提醒人们要科学地预知与分析各种可能性与观测各种变量，又因为事物的发展还是必然性与偶然性的结合，人类的认识能力不断发展而仍有局限，我们并不能通过数学原理来穷尽所有的变化，找出对应的计策，因为庞大的数据库可能会导致人脑的压力与失调，我们也无法通过每一步的精确控制实现下一步的精确到达，渐近地接近是目前能给出的比较科学的解释方式。

中国社会保障政策在新中国成立以后有了长足的发展，改革开放以后更是随着经济水平的极大提升而实现了制度的跟进与创新。党和国家一代代领导人召开的会议、提出的口号都体现了其治国思路的变化，仅仅是从“以民为本”向“以人为本”的转变，就暗示了领导者开始引领社会心理的转变，因为与“民”相对应的还是“君”的思想，用目的论的观点来看，提出的“民贵君轻”的思想也只是百姓的锁链，而并不是自由，只是极为聪明地运用了中国百姓的求稳心态，中国的百姓有一种出自愚昧的良善，所以鲁迅先生一则以悲悯，一则以悲愤，“哀其不幸，怒其不争”是为说。1942年，国际劳工组织在出版的文献中将社会保障界定为：“通过一定的组织对这个组织的成员所面临的某种风险提供保障，为公民提供保险金、预防或治疗疾病、失业时资助并帮助他重新找到工作”。

在国内，中国人民大学郑功成教授通过综合考察现代社会保障制度在各国的发展实践，以及国际组织、部分国家政府及有关学者对社会保障的概念界定后，提出了对社会保障的定义，即：社会保障是国家或社会依法建立的、具有经济福利性的、社会化的国民生活保障系统。依照上述国内外两则不同定义来看，笔者认为：首先，古代中国政府给百姓提供的社会救济往往是通过赐予的方式来呈现，但是不能忽视的是古代确实有相关的法律法规，虽然没有专门的社会保障法来规定百姓的权利与义务，然而大量的史料可以看出国家勒令各级政府官员按照法律法规对社会成员进行的社会救助。

其次，我国古代具有许多为百姓预防灾害的政策及措施，例如唐朝的义仓(社仓)，宋朝的仓储制度。一定程度上保证了在自然灾害频发的古代社会中可以使农民闹饥荒时得到补助，从而帮助其抵抗风险，恢复正常生产生活。另外，古代也有关于失业方面的保障措施，早在春秋时期齐国的管仲便提出了通过增加工序行业来缓解失业的风险，两汉时期的土地制度以及历朝历代的“工振”制度等，分别从风险发生前后的不同角度来预防和抗击风险。

(三) 福利的体现。关于福利性，依据现代社会福利的定义，它表现为国家、集体和社会为保障全体公民的基本生活，提高人们的物质文化生活水平而提供的福利性物质帮助、福利性设施和社会服务。作为社会福利，不仅仅是要保障人们的基本生活，更重要的是在于不断满足人们日益增长的物质文化生活需求。为了提高人们的生活质量，在我国古代的养老保障与妇幼保障、军人优抚中体现得最为明显，如养“国老”制度、赐仗制度、官员致仕制度，汉朝章帝时期的生育保障《令》对妇女的保障，依据王文素教授的推算，当时的制度可以使妇女不参加劳动便可以获得8到9个月的基本口粮、军人优抚中除了对军人本身的福利之外还有“荫子”制度。这些制度所涉及的覆盖面包括官员、军人、妇幼及老人应该说是包含了社会中的大多数对象，覆盖面可谓广泛。并且还保护了妇女的人身权利，在提高了老年人物质生活的同时也提高了其社会地位，明显地可以看出其保障的高水平。因此，可以说古代的社会保障带有一定的福利性质。

第二节 古代社会保障的法律性

法律性是现代国家的文化规定，现代国家是现代性外在表现形式。中国现代性具有中国的文化特点，中国现代性与中国的现代国家在总体建构上有相适应的方面，二者之间也存在着一定的张力。

西方主流经济学中“文化无涉”论的观点认为，社会保障遵循经济学“需求与供给”的基本规律，其趋向“均衡”的内生动力是具有普遍性的，这在方法论上采取的是一种普遍主义的观点；而特殊主义则认为，不同社会的社会实践因深受其民族文化的影响，呈现出差异性和多样性，且不会趋同。制度经济学认为，制度安排分为正式约束（有形制度）和非正式约束（无形制度），意识形态（文化）是一种重要的无形制度安排，如果没有相应的无形制度与之“匹配”，就难以有效发挥作用。真正意义上的社会保障制度是工业化、生产社会化的产物，但社会保障文化和思想源远流长。

一、社会保障文化的体现

社会保障文化，是人们关于社会保障的思维方式、价值观念、伦理道德、行为规范和组织制度的总称。社保文化决定着人们对社保的认同程度、所持的社会心态和行为方式，以及受这些因素影响所构成的社会保障关系。文化价值理念是影响不同社会保障模式的重要因素之一，而社会保障并不直接与文化的基本要素相联系，社会保障的改革不会成为引发文化改变的因素，而是与文化自身的发展变化保持一致。

文化是某类特定人群的共同遗产，这不仅包括该群体特有的行为，也包括其社会学习方式。

联合国教科文组织世界宣言中对文化多样性的界定：“文化应被视为一系列社会或社会群体所特有的精神、物质、智力等特征集，除了文学和艺术，还包括生活风格、共同生活方式、价值观体系、惯例和信仰。”从更广泛的生活实践中，我们认为文化还应包括习俗的力量，从进化心理学的观点来看，“创造并参与复杂的社会制度和社会组织是人类进化的主要特征”。

英国人类学家爱德华泰勒将文化定义为：“文化，或文明，就其广泛的民族学意义来说，是包括全部的知识、信仰、艺术、道德、法律、风俗以及作为社会成员的人所掌握和接受的任何其他的能力和习惯的复合体。”霍夫斯泰德认为文化是“将一个人群与其他人群区别开来的集体心理程序”。贝克尔指出“准则和文化有某些共同之处，他们都是论述人们的行为。但社会规则和法律规范趋向于指导人们如何遵守规范，而文化则给出了一种解释：人们为什么在现实中会有这样或那样的行为。”在文化所具有的解释功能层面上，克利福德格尔茨的“文化之网理论认为文化是一个无形的意义之网，人类则是生存其中的动物。人类个体既无法脱离这个大网，又在不停地编织着这个网。”衣俊卿从文化哲学入手整合分析现代性的多维特点时，提出“在最深层的意义上，文化是历史凝结成的稳定的生存方式，是一切社会活动和社会存在领域中内在的、机理性的东西，是从深层制约和影响每一个个体和每一种社会活动的生存方式”。

二、不同的社会保障制度产生

不同的社会保障文化孕育不同的社会保障制度。美国的主要价值观念是崇尚个人自由，强调劳动主义，以“美国梦”的打造为典型意象，体现其劳动至上、效率当先的价值理念；英国的价值观念是“经济型平等”，从济贫制度开始，直至贝弗利期报告的出台，倡导社会福利是公民与生俱有的权利，维持经济上平等的市民社会是其追求的目标；瑞典等北欧国家奉行“社会性平等”的价值观念，在机会平等的基础上进一步强调结果的平等，是一种特别重视消除社会差别的社会性平等；而在东亚各国，个人和家庭在社会福利中发挥重要作用，社会保障制度具有低税收、低福利的特点。

文化的演进是渐进式的，制度的演进一般为跳跃式的，正因为文化是具有柔性和弹性的，而制度通常因其刚性而得到确认与认同。尽管文化与制度演进的方式不同，但二者无疑同处于一个过程之中，作为人类社会生活的重要方面，文化和制度二者是交互上升的关系。

要使中国人文学科、社会科学实现真正意义上的本土化，既不能以西方为中心，又不能停留于对中国特色的单向强调，而需要经历很大的视野调整。从基本的人性出发，是人类“利他”本能的外在化和社会化。马克思主义关于人类起源和人的社会属性观点最有助于我们正确理解社会保障的含义。人除了自然属性以外，还具有社会属性，人是社会关系的总和，在这一意义上，社会关系就像一张网络，罩住了其中每一个人。

不同的文化传统决定了不同的社会保障选择，随着时间的推移，社会保障与文化传统二者逐渐形成了特质的社会保障文化内涵，进而形成路径依赖（社会保障采取什么模式，个人的参与程度和国家的干预程度在某种意义上是决定社保模式的关键性要素，而社保模式在相当程度上决定着经济体制的活力，甚至决定着民族的前途和国家的希望）。中国的社会保障改革与发展正处于从“追求温饱”阶段（扩大社会保障范围和提高基本保障水平）转向“步入小康”阶段（调整保障结构和完善保障体系）的关键时期，社会保障模式的选择实际也是一个文化问题，甚至是国民性问题。保险意识的淡薄使得大锅饭的绝对平均主义死灰复燃的可能性极大，不健康的福利惯性正是利用了人性中的懒惰和嫉妒的弱点，而导致了文明的退步，也促发了当下内省后的再次选择。从人类社会理想和社会实践的视角来看，社会保障是人类社会理想的一种阐释、解读和实践方式。社会保障是一种社会控制手段和社会稳定机制。

社会保障是人类制度文明的共同产物，加强对国外社保文化模式的理论研究借鉴国外社会保障文化模式的成熟经验是文明进步的捷径。当今世界上存在的三种最主要的市场经济模式，分别是强调个人作用的经济自由主义的英美模式，强调社会福利和职工参与的社会市场经济的德国模式，强调公司集体作用的集团主义的日本模式。

社会保障是现代生活的组成部分，社会保障文化是一种“大众文化”，而要产生此种文化意识，必须具有社会保障意识，一种基于现代“风险社会”的风险意识，一种由风险意识派生出来的理性的保险意识。社会保障在中国自古以来有着深厚的伦理道德规范，而后在国家建制过程中才逐步运用科学的方法形成制度性的设计。

由于古代社会具有“以过去为定向”的特征，因此，“在古代文明中，反思性在很大程度上仍然局限于重新解释和阐明传统。”而“随着现代型的出现，反思性具有了不同的特征。它被引入系统，由此思想和行动总是处在连续不断的彼此相互反映的过程之中。”在这种情况下，“社会实践总是不断地受到关于这些实践本身的新认识的检验和改造，从而在结构上改变着自己的特征，现代性的特征并不是为新事物而接受新事物，而是对整个反思性的确证，这当然也包括对反思自身的反思。”

中国现代性是外发的，不是来自中国本土文化传统而是来自西方的外迫性所致，外源性是中国现代性事实上等同于西化，“中国任何一个现象都只能在别人的概念框架中获得解释”和“我们的生活意义来自别人的定义”，形成了现代性与现代民主国家意识的冲突，现代性与民族主义的冲突：要民族独立，就要反西方，全面肯定复兴中国传统文化，要现代性就要学习西方，旗帜鲜明地反对中国传统文化。

后现代理论中的后殖民主义反对现代化，否定启蒙运动，主张回到传统社会主义模式和计划经济体制，是错误的，因为中国并没有从完全的意义上实现现代化和现代性的良性结果，对现代性的认可是文明的选择，促使我们认清自身的国民性并运用反思批判的武器进行自我批判，传统文化的抱残守缺并不因为现代性的介入而出现，相反是因为现代性将黑幕揭开而得以显现，我们说中西文明、传统与现代的文化需要的是相互辉映和批判性交互。中国的现代性具有未完成性，仍需要启蒙主义，后殖民主义在中国并不具有历史合理性。

中国政府高度重视社会保障体系建设，积极致力于建立健全同经济发展水平相适应的社会保障体系。新中国成立之初，为了适应计划经济体制的要求，我国确立了以劳动保险为主的社会保障制度，因为当时存在多数人都是社会主义一颗螺丝钉的社会现实，所以当时的制度设计最大限度地向当时经济复苏贡献较大的人群提供经济保障；改革开放以来，围绕国有企业改革、经济体制转轨，按照社会主义市场经济体制的要求，我国开始探索建立国家、企业、个人共同负担的社会保障制度。

党的十六大以来，国家相继实施新型农村合作医疗制度、农村最低生活保障制度、城镇居民基本医疗保险制度、新型农村和城镇居民养老保险制度、启动事业单位养老保险制度改革试点工作，社会保障开始进入统筹城乡发展和制度创新完善的新阶段；尤其以2010年审议通过《社会保险法》，标志着国家最高立法机关对社会保险与社会保障制度的关注，该法规在社会矛盾日益尖锐的“转型时期”，准确把握了与国情相适应的立法口径，即在坚持中央统一部署的同时发挥地方积极性，健全社会保险制度的同时预留改革发展空间，保障法律的稳定性与刚性的同时，也兼顾了制度弹性，以期实现制度与现实的良性互动。

三、社会保障制度的法律性

社会保障一词最早由西方引进中国，现在学界普遍认为近代社会保障起源于英国1601年的《伊丽莎白济贫法》。就现代的社会保障制度而言，较为公认的是以社会保险制度在德国出现为标志。郑功成认为，国家通过立法形式来介入济贫事务，是社会保障发展史上的一个重要里程碑，这个里程碑显然应当以1601年的《济贫法》为标志。但是必须指出的是，在我国古代，就已出现了关于社会保障的并带有法律性质的文件，如秦汉时期颁布的《律》，封建社会后期明清两朝的《明大诰》《大明律》和《大清律例》。这种类似于国家宪法里的法律，甚至已经出现了系统性的关于社会保障制度的法律。对此，王卫平、黄鸿山指出：与此形成鲜明对比的是，先秦时期中国即已有较为系统的社会保障政策，说明中国社会保障制度的形成远远早于西方。

与西方社会早期由教会负责济贫事务的情况不同，传统社会早已将社会保障视为政府的责任。依据郑功成教授的观点来看，我国古代政府的做法带有其所说的“里程碑”属性。然而这种客观的存在为何会让国人所忽视？笔者认为，这与我们对我国古代社会的奴隶封建社会性质定义有关。诚然，我国古代封建社会实行君主专制不假，更谈不上民主权利，广大劳动人民受地主与统治阶级的剥削与压迫。但就是这种我们对社会性质的认识会干扰我们对其社会保障的认识，我们可能就会顺其自然地理解为统治阶级不会对被统治阶级制定系统完备的社会保障制度。

其实，在古代社会中，历代王朝会制定出“一人之下，万人之上”的法律，即法律不能约束君主，君主也对法律有最高解释权。法律中会存在对其他方面的人为修改，但是在社会保障方面，不论是基于维护统治，或是受“天人感应”学说等影响，君主还是给予极高的重视程度。因此，笔者认为我们不能简单地因为社会性质原因就将我国古代的社会保障排除在研究之外或是不予重视。即便是被视为“里程碑”的《伊丽莎白济贫法》也是在封建君主王国这种社会性质中形成的，且《济贫法》的根本目的也是在于抚恤百姓，进而维护王朝统治。这与中国古代的社会保障又有何异呢？

第三节　古代社会保障的客观本质

我国古代的社会保障制度在奴隶制社会时期就已基本确定，经过不断发展，到了封建社会后期已经形成了比较完整的体系。但必须指出，由于古代社会性质为统治阶级（奴隶主、地主）对被统治阶级（奴隶、农民）实行的专制，剥削以及压迫。所以统治阶级所制定的社会保障制度不可能完全出于对广大劳动人民的体恤，排除个别统治者的超前历史眼光以及他们的怜悯之心，或受古代“天人感应”等儒家思想的熏陶，古代社会保障政策的制定者们还是以维护社会稳定，巩固王朝统治为根本出发点来制定构建其社会保障制度。

另外在生产力水平及经济方面，由于古代社会生产力较之现世远远落后，科技欠发达，加之自然灾害频发，以满足人们的基本生理需要为基础，整体社会保障水平较为低下。然而，这些局限性并不能否定古代社会保障的真实存在，尽管它的整体水平不高，但是它还是具备了社会保障应有的元素，社会保障的理解更是经得起推敲。

综上所述，古代社会保障制度是一种统治阶级被动的，自上而下的通过一定法定程序和原，则对社会大多数成员进行的以救济为主的较低水平的救助保障社会活动。它包括：

灾害救济制度、日常救济制度、养老保障制度、医疗保障制度、妇幼保障制度以及军人优抚制度等。本文所述的即为对古代社会保障制度的研究。

一、古代与现代社会保障文献的研究

截至目前，国内关于古代社会保障领域的研究著作不是很多，笔者所找到的具有比较完整体系研究古代社会保障制度的著作有两部，分别是苏州大学王卫平教授与黄鸿山副教授所著的《中国古代传统社会保障与慈善事业》以及中央财经大学王文素教授所著的《中国古代社会保障研究》。相比之下，侧重于某个朝代或者社会保障中的某个方面的研究成果则较多，例如王文涛所著的《基于救助的汉代社会保障》与邓云特所著的《中国救荒史》就是上述两类研究成果中的代表著作。

在古代的社会保障研究文献中，以荒政的研究最为广泛，荒政是中国古代政府因应灾荒而采取的救灾政策，类似于今天社会保障中的社会救济。古代关于荒政研究的著作有宋代董煟著《救荒活民书》《救荒全书》等，系统地记载了救荒之策，论述了救荒的具体办法，总结了宋朝以前可取的各种可以借鉴的救荒议论；明太祖朱元璋第五子朱橚所撰写的《救荒本草》，以救荒为宗旨，对植物资源的利用、加工炮制等方面进行了总结，对之后历代政府的荒政起到了实效的帮助；清代乾隆帝钦定《康济录》，总结了前朝历代先贤关于救荒方面的思想精髓和著述，补全了史料中关于社会救济方面的不足，它系统介绍了之前荒政的思想、制度及实践与效果，成为了整个清朝政府荒政的纲领性文件。对我们现代考察研究古人荒政有着十分珍贵的意义。另外，还有如清人俞森所撰的《荒政丛书》记录了前人的著作，还阐述了自己关于常平仓、义仓（社仓）方面的观点。四库提要评价其为："凡七家之言，又自作常平、义仓、社仓三《考》，溯其源，使知所法。复究其弊，使知所戒。救荒之策，前人言之已详，至积储尤为救荒之本。森既取昔人良规，班班具列，而於三《考》尤极详晰。登之梨枣，俾司牧者便於简阅，亦可云念切民瘼者矣。"此外，古人关于荒政研究的著作还有明代张陛著《救荒事宜》、清代汪志伊著《荒政辑要》、方浚师著《救荒急议》、劳潼著《救荒备览》等。

李文海等主编的《中国救荒全书》、范宝俊主编的《中国自然灾害与救灾史》基本收录了上述古人所撰写的史料及文献。形成了对古代荒政文献的总结；冯柳堂所著的《中国历代民食政策史》从百姓粮食的角度，解析了古代政府的农业政策，探讨了设立常平仓、义仓（社仓）的作用与特点，得出了古代政府在社会保障制度上把解决"民食"作为关键；邓云特所著的《中国救荒史》首次通过定量研究法，根据史料较为全面地统计了从周朝开始至近代民国时期所出现的重大自然灾害，得出了"此三千数百余年间，几于无年无灾，从亦无年不荒"的结论，开创了对古代社会保障定量研究的先河；在此影响下学者纷纷进行了数据考察与定量研究，出现了一大批较为优秀的著作，如王子今所著的《中国社会福利史》，根据后汉书整理出了东汉年间的"救助特殊困难人群状况表"、陈业新所著《灾害与两汉社会》中制作了"灾害与两汉经济波动对照表"、王卫平、黄鸿山合著的《中国古代传统社会保障与慈善事业》中制作了"江南市镇育婴机构设置情况表"等，这些数据化的建立模型分析使古代社会保障的研究呈现出更加客观理性的趋势。另外，值得一提的是，曾国安所著的《灾害保障学》将西方社会17至20世纪的灾害救济保障进行了详尽地论述，与中国封建社会晚期为灾害救济进行了横向比较，另外他还在书中创造性地中国古代的灾害救济思想总结成了“九论”，系统性地总结了古代社会救济的思想。

在断代史研究方面，有陈业新所著《灾害与两汉社会研究》、陈桦、刘宗志所著《救灾与济贫》、张文著《宋朝社会救济》等为代表。另外断代史方面的论文较多，按朝代及历史时期划分，张仁玺《齐鲁先秦诸子的社会保障思想》《东方论坛》；田毅鹏的“西学东渐与近代中国社会福利思想的勃兴”，吉林大学社会科学学报、2001年第4期；刘厚琴《汉代社会保障体制及特征》，开封大学学报、2004年第18卷第4期；贾如银、孙彦《东汉社会保障政策考述》，河西学报、2005年第3期；裴恒涛:《唐代社会保障制度体系研究》，四川理工学院学报、2009年第4期；李红霞、赵仑《财政学(第二版)》，中国财政经济出版社、2010年版；褚福灵《中国社会保障发展指数报告(2011)》，经济科学出版社出版、2012年版《元代社会保障制度论述》，社会科学家、2012年第5期。

二、文献整理证明其客观性

通过对以往相关文献研究的整理，我们大致可以得出以下结论：

随着近些年来社会保障越来越成为热议的社会话题，社会保障相关领域的研究也逐渐增多，在这种趋势下。国内学者开始纷纷研究我国古代的社会保障制度，在各种期刊杂志方面的发表文章也成增长态势，但是仍然处在研究文献阶段。

学界对古代社会保障及其制度的研究尚未形成统一完整的研究体系，大量断代史及侧重某个方面的研究大都站在自己对古代社会保障及其制度的理解角度“自成一派”。严密完备的研究体系在业内尚处于空白阶段。

现在的研究大多处于对古代社会保障的制度、思想、实践及其实践效果等描述阶段，缺乏与当下我国社会保障实际相结合的论述著作。由于古人不可能知晓现代意义上的社会保障学，因此在史料中自然不能有这一方面的理论，当代的学者中很多并不是本身研究社会保障学出身，因此在著作及论文中难以将古代社会保障制度与新中国的社会保障进行纵向比较，因此也难以提出其中有建树行的问题，从而得出相应的、有价值的论断。综上所述，我国对古代社会保障制度方面的研究任重而道远。

历史是不能割断的，也是无法割断的，一部人类社会的发展史不仅有时间的连贯性，而且是文明成果的持续积累。正如恩格斯在《反杜林论》中指出：“只有奴隶制才使农业和工业之间的更大规模的分工成为可能，从而使古代世界繁荣，使希腊文化成为可能。没有奴隶制，就没有希腊国家，就没有希腊的艺术和科学；没有奴隶制，就没有罗马帝国。没有希腊文化和罗马帝国所奠定的基础，也就没有现代的欧洲。”

毛泽东同样高度重视历史，他指出：“今天的中国是历史的中国的一个发展；我们是马克思主义的历史主义者，我们不应当割断历史。从孔夫子到孙中山，我们应当给予总结，承继这一份珍贵的遗产”，强调“不但要懂得中国的今天，还要懂得中国的昨天和前天”。从恩格斯对几乎是人人都会谴责的奴隶制社会的肯定，到毛泽东反对割断中国历史，所体现的是对历史的尊重和对整个人类社会发展进程的科学把握。因为历史就是一面镜子，还是一部最好的教科书，它客观地反映着人类社会发展的基本规律。以史为鉴，可知既往之兴替，能窥久远之未来，回顾得越远，前瞻得可能也就越远。

大国自有大国之道，文明自有历史传承。作为一个有着独特文明与悠久历史的国家，中国的家国结构、等级差序、中庸之道等具有浓厚本土色彩的文明元素自成一体，并对诸项制度安排产生直接而深远的影响，也构成中华文明数千年不断传承的巨大柔性维系力量。尽管远古的史料还有待发掘，但作为世界上历史记录最完备的国家之一，中国自西周共和元年(前841)以来的历史记录就精确到年，自鲁隐公元年(前722)以来则精确到月日，这为探究人类社会的客观发展规律和国家诸多制度的源头与脉络提供了十分有利的条件，也可以为未来中国的持续发展提供许多有价值的启示。但在西方话语体系主导的当今世界，中国的历史经历与历史智慧往往被人有意无意地加以忽略；即使是中国的学者研究中国的问题，也大多奉西方学术为圭臬，在遵从西方思维定势与话语架构的条件下，解构着中国的实践。

在社会保障领域，这种现象表现得尤为突出。国际社会保障学界几乎为西方话语所垄断，似乎人类应对自身生活风险的社会保障措施或福利制度只源于西方文明，无视中国社会保障历史与经验的学术语境，这既不利于世界社会保障学术的繁荣，也不利于中国社会保障制度的改革与健康发展。人类在地球上的存在是以万年为单位的，即使以文字记载作为考证依据，人类文明的历史也是以千年计，而由西方主导的工业社会只有两百多年历史，现代社会保障制度自俾斯麦于1883年—1889年创设医疗保险、工伤保险与养老保险制度以来只有一百多年历史，再向前推至英国伊丽莎白王朝1601年制定《济困法》也只有四百余年历史。如果将社会保障界定为超越家庭之上、具有经济福利性并以保障人的基本生活为目标的社会化机制与措施，那么，这种机制与措施在中国绝不是近百年才出现，更不是近数十年间才得以建立，其中的一些保障措施实际上已经存在了千年以上。人类社会发展的进程可以依据一定的生产力水平和社会经济政治形态划分为若干阶段，但深刻影响社会及制度变迁的思想文化却无法割断。

每一个国家或民族都有其历史与文化，即使是深受外来文化的影响，也总会有自己的一些特色元素得到传承；每一种制度都有其历史渊源，即使是移植外来制度，也会不同程度地加注本土元素，这是文化传承的必然结果，也是路径依赖的惯性使然。从英、德、美、日等发达国家建立自己的社会保障制度，都走过不同路径并且保持了各自的特色，可以看到这些国家历史传统的影子；有着数千年文明史的中国，更是不会例外。因此，只有将视野从聚焦西方国家扩展到考量包括中国在内的全球社会保障制度，才能发现传统文化与社会经济政治结构对这一制度的深刻影响，才能总结、概括或归纳出不同的社会保障模式及其发展特征，才能发现社会保障制度发展进程中的普遍规律与不同国家或地区的独特个性。

在全球社会保障进入制度变革与全面发展的新时代，在中国社会保障制度变革从试验性状态走向定型、稳定、可持续发展的新时期，必须正视现实中对社会保障历史的短视，这种欠缺正在影响着当代中国社会保障政策的选择，同时也给本应具有历史长度并受全球化进程影响的社会保障增加了不确定性。因此，特别需要树立社会保障历史观，重视从历史源头汲取智慧，在历史长河中合理定位当代并寻找社会保障的可持续发展之路，为解决世界共同面临的社会保障问题提供富有东方智慧的中国式方案。因此，开展中国社会保障史研究，总结中国社会保障发展的历史经验教训与客观规律，构建本土化的社会保障理论体系，是中国学术界迫切需要开展的工作，也是可对世界社会保障理论做出应有贡献的努力方向。

“一切历史都是当代史”，意大利历史学家、哲学家克罗齐的这句名言，强调了历史应当以当前的现实生活作为参照，并只有和当前的视域相重合时才能为人所理解。“一切历史都是思想史”，英国历史学家、哲学家柯林武德的著名论断揭示了历史的过程不是单纯事件的过程而是行动的过程，它有一个由思想的过程所构成的内在方面，研究者所寻求的正是这些思想的过程。在知识体系日臻成熟、学科范式泾渭分明的条件下，研究中国社会保障史的主要困难不在于史料的搜集，而是在于如何将历史语境转化为当代语境，将历史学范式转换成社会保障范式，因为研究的主要目的是为中国乃至世界的社会保障改革与长远发展提供历史借鉴，关注它的主要不是历史工作者而是当代社会保障工作者。

需要指出的是，中国古代有着十分丰富的社会保障思想与实践活动，但不可能有社会保障、社会救助、社会福利等现代概念，只有荒政、赈济、养恤、居养、养老、慈幼、致仕、施医等概念，还有名曰“王杖”的制度等。即使是中华人民共和国成立后，使用的也是诸如救灾救济、劳动保险、公费医疗等分散的概念。今天广泛使用的社会保障一词，是20世纪80年代中期才开始在中国出现，社会保险也是同一时期针对劳动保险进行改革后才在政策话语中被使用，社会救助则是在对传统的救灾、救济进行改革时引入使用的概念等。可见，尽管中国历史上的许多社会保障实践活动存在着传承关系，所用概念却并不具有一致性，与当代社会保障所使用的概念更是出入甚大。因此，以当代社会保障理论与政策为参照，使历史概念与当前社会保障视域相重合，让当代人能够理解，无疑至关重要。

三、古代与现代社会保障制度的联系与发展

经过笔者和部分特邀社会保障学者与历史学者专题讨论后，对中国社会保障史所涉及的基本概念做如下定义：

(一) 社会保障。现代社会保障，是国家或社会依法建立的、具有经济福利性的、社会化的国民生活保障系统的统称，包括法定的社会救助、社会保险、社会福利、社会优抚系统和非法定的各种补充保障措施。它遵循公平、正义、共享原则，通过对社会财富分配的国家干预，实现保障民生与改善民生的发展目标。历史上的社会保障，是由国家负责提供的救助、福利、优抚和社会如(民间乡绅、宗教)慈善、社会互助的统称。其依据是国家的法律、制度或社会约定俗成的规则，家族保障与邻里互助构成了特有的内容。现代社会保障与历史上的社会保障都是超越家庭之上的、以化解或缓解个

人生活(存)风险为基本目标的社会应对机制，但前者体现的是国民法定的社会保障权益，追求的是公平、正义、共享的社会发展目标；后者体现的是施予者的仁政与恩赐，实现的只能是免除生存危机的追求。

(二)社会救助。现代社会救助，是国家面向低收入者和不幸者组成的生活困难群体提供款物接济和扶助的生活保障措施。

它以国家财政拨款为物质基础，以帮助社会弱势群体摆脱生存危机为目标，是政府责任的具体体现，采取的是无偿救助的方式。历史上的社会救助，是对面临生存危机的贫穷者与不幸者的一种物质援助，它由国家负责、国库支付，是应急性的生存保障机制，如赈灾、赈济、施医等。现代社会救助与历史上的社会救助的共性，是在救助对象——社会脆弱群体、救助责任——国家负责、救助方式——无偿救助等方面具有相通性，解决的是最底层社会成员的生存(活)危机问题。但前者是国家赋予国民的基本权利，后者却是统治者为避免社会危机而采取的应急性举措。

(三)社会优抚。现代优抚，是国家面向军人并惠及家属的一种保障机制，包括死亡抚恤、伤残抚恤和军人(属)优待等。历史上的优抚，是国家面向军人及其家属提供的各种优惠、照顾与褒奖措施。现代优抚与历史上的优抚的共性，是国家责任与优抚对象具有相通性。但前者体现的是军人的法定权益及国家对军人职业的优厚待遇，后者体现的是基于战争的需要和对兵员的奖赏与补偿。

(四)社会福利。现代社会福利，是国家和社会通过社会化的福利津贴、实物供给及相关服务，满足社会成员的生活需要并促使其生活质量不断得到改善的生活保障措施，包括老年人福利、儿童福利、残疾人福利、妇女福利及教育福利、住房福利等。

历史上的社会福利，是国家面向孤残老幼妇和官吏提供的福利性措施，包括相应的物质待遇、精神褒奖和福利设施，如王杖制度、居养院等，官吏的福利如致仕、恩荫等，具有典型的身份性特征。现代社会福利与历史上的社会福利的共性，是在满足特定群体的生活需要和提供福利设施方面具有相通性。但前者立足于国民的福利权益和普遍参与，是共享式制度安排；后者只是施予者对受益者的恩赐及对不幸者的怜悯，两者的规模和水平不可同日而语。

（五）慈善。现代慈善，是建立在社会捐献基础之上的一种民间救助事业，它以社会成员的善爱之心为道德或伦理基础，以贫富差别的存在为社会基础，以社会各界的捐献为经济基础，以依法成立的民间公益团体为组织基础，以捐献者的意愿为实施基础，以大众普遍参与为发展基础。

在实践中，慈善机构根据捐献者的意愿，对需要帮助的社会成员提供物质帮助及相关服务，从而是对法定社会保障制度的有益补充，并在发展中日益与法定社会保障措施融为一体。

历史上的慈善，是建立在恻隐之心、互助意识、因果报应和乐善好施传统基础之上的民间援助措施与活动，包括家族、乡绅、宗教团体举办的慈善活动。现代慈善与历史上的慈善的共性，是在慈善道德、自愿捐献及民间性等方面具有相通性。但现代慈善强调依法运行并追求平等，富有组织性，在实践中与政府往往构成合作伙伴关系；而历史上的慈善往往强调因缘关系，即血缘关系(亲属之间)、业缘关系(同事之间)、地缘关系(同乡之间)等通常构成施助与受助关系的条件，无因缘则无慈善，这种特色迄今仍然影响着人们的慈善动机与慈善行为。

(六)家庭保障。现代家庭保障，是指在家庭内部由家庭成员之间相互提供包括经济保障、服务保障、精神慰藉等内容的生活保障机制，它建立在血缘关系的基础之上，并被纳入相关立法进行规范，如中国的《婚姻法》《继承法》《老年人权益保障法》《妇女权益保障法》《残疾人保障法》《未成年人保护法》等均有对家庭成员相互保障的规范。从西方国家的家庭津贴等政策、日本等国为家庭护理支付费用等，可以发现现代家庭保障客观还与国家和社会负责的社会保障紧密地结合在一起。历史上的家庭保障，是指家庭内部成员的自我保障与相互保障，它建立在血缘关系与宗法制度之上，并向家族保障与邻里互助延伸。现代家庭保障与历史上的家庭保障的共性，是均以血缘关系为纽带，以家庭成员之间的相互保障为核心，提供的是包括经济、服务、情感在内的立体型保障。但前者往往将传统伦理道德与相关法制有机地结合在一起，并与法定社会保障措施相融合，后者则通过宗法与地缘关系向超越一个核心家庭的家族内部与邻里之间延伸。

(七)社会保险。社会保险是工业化以后才出现的社会保障制度安排，包括养老保险、医疗保险、工伤保险、失业保险及生育保险、护理保险等项目，保险对象主要是劳动者，强调权利与义务相结合，采取受益者与雇用单位等共同供款和强制实施的方式，目的是解除劳动者的后顾之忧，维护社会稳定发展。

在中国历史上，清代以前并无社会保险，但与社会保险中的养老保险相对应的有官吏、致仕(养老)制度，它解决的是官吏的养老保障问题。民国时期开始探讨劳工保险与社会保险问题，国民政府也曾草拟社会保险立法草案，但时值战乱年代，并未真正成为全国性制度付诸实施。

综上，通过对社会保障相关概念的界定，可以找到现代社会保障制度与历史上的社会保障措施的相通之处，为研究中国社会保障史和考察各项社会保障制度的历史渊源与传承，提供了可以遵循的依据。

四、中国社会保障历史发展的基本特征

从历史发展进程来看，中国社会保障是与国家起源及朝代演进相伴始终的一种制度安排，具体的实践活动既与当时的生产力水平和社会经济形态密切相关，也与当时的政权形态、文化或意识形态密切相关。

在数千年的国家演进中，夏商时期建立了血缘制与等级制相结合的社会组织方，式即宗法制，周朝巩固了宗法制并创建了影响后世的各种制度，两汉时期完成了中国传统文化与文明模式的基本定型，魏晋隋唐时期形成了多元文化大融合和多民族大家庭，宋朝已有成熟的文化和高度发达的社会系统及福利制度，明朝建立了完备的政治制度，清朝构建了多民族统一的中国版图。中国社会保障实践活动的源头在殷商时代，社会保障思想的源头则在商周文化巨变时期，春秋时期的诸子百家为后世社会保障思想的发展奠定了坚实的基础。此后，伴随着朝代的演进，社会保障日益成型，并对中国社会的发展起着重要

的作用。

从中国历史的沿革中可以看到数千年中华文明一脉相承。尽管从古代社会到近现代社会，生产力水平与社会经济形态均发生了很大变化，改朝换代也必定导致社会制度的变迁，但丰富的史料表明，中国社会保障在历史发展进程中依然保持着一些基本特征：

(一) 中国社会保障思想与实践具有鲜明的本土性特征。从春秋、战国时期诸子百家开始，大同思想、民本思想、仁政思想、宗法思想、重农思想、均齐思想、互助思想等一脉相承，这是世界文明史上所仅有的，其对中国社会保障的实践影响深远。例如，在两千多年前，孔子提出了“大道之行也，天下为公。选贤与能，讲信修睦。故人不独亲其亲，不独子其子；使老有所终，壮有所用，幼有所长，矜寡孤独废疾者，皆在所养。男有分，女有归。货恶其弃于地也，不必藏于己。力恶其不出于身也，不必为己。是故谋闭而不兴，盗窃乱贼而不作，故外户而不闭，是谓大同”的大同思想。墨子主张“兼相爱，交相利”，提出“有力者疾以助人，有财者勉以分人，有道者劝以教人。若此，则饥者得食，寒者得衣，乱者得治”的兼爱利他思想。

孟子主张推己及人，提出了“老吾老以及人之老，幼吾幼以及人之幼”，“出入相友，守望相助，疾病相扶持，则百姓亲睦”以及推行仁政的主张。管仲提出以民为本等政见。这些议论及政见均蕴含了丰富的社会保障思想，不仅流传至今，而且还在深刻地影响着当代中国的发展实践，成为社会保障本土理论的源头和凝聚当今社会福利共识的传统基因。重农思想作为中国的本土理论，构成了历朝历代仓储后备的重要理论基础，仓储后备则构成了历史上救灾济困的重要物质基础，并延续至今，这与西方的重商主义有着重大区别。

中国自古以来就建有一些保障民生、免除祸乱的社会保障制度，有丰富的社会保障实践。荒政、济贫、居养、优抚等均是数千年来建立在国家责任基础之上并从未中断过实践的本土制度，家族与邻里照顾、民间慈善则是建立在宗法、互助思想基础之上、非正式制度安排。例如，王杖制是有中国特色的一项老年人福利制度，它集传统的孝道、尊老文化与家庭保障、国家福利于一体，规定达到一定年龄的老年人享有相应的特权，包括崇高的社会地位与相应的物质待遇。周朝规定，“五十杖于家，六十杖于乡，七十杖于国，八十杖于朝，九十者，天子欲有问焉，则就其室以珍从。”

这一制度到汉朝时已经成为成熟的全国性制度。还有历朝历代开展的赈灾、济困、助残、恤孤、居养等措施，以及宗法制度下的家庭、家族保障，在今天的社会保障制度中依然能够找到历史的影子。即使是进入现代社会后从国外引入的社会保险制度，也在实践中加入了中国的传统元素。如20世纪50年代建立的劳动保险制度就具有典型的国家负责、单位包办、全面保障、惠及家属、封闭运行等特征，蕴含其中的其实是家庭本位主义、集体主义、家国(单位)一体的中华传统。

可见，中国的社会保障思想与实践具有鲜明的本土性，中国的社会保障道路从来就是有中国特色的社会保障道路，并构成了中国大国发展之道的独特内容。

(二) 中国社会保障具有家国存于一体的特征。在西方国家，中世纪以前的社会保障几乎等同于宗教慈善事业，是宗教(特别是基督教)承担着救助贫民与不幸者的责任，到中世纪末期才逐渐由世俗政权介入，这表明国家或政府介入社会保障事务在西方是很晚的事情。中国的社会保障却是自古以来被视为国家或政府职能的重要组成部分，并有一套复杂的制度体系。

早在商朝，国家机器尚不完善，生产力水平极端低下，虽有灾民、贫民等需要救济，国家政权也无力帮助，但王室还是推行过巫术救荒、养恤赎子等措施。成语“桑林祈雨”讲述的即是商汤时期(前1617—前1588)天下大旱，国王在桑林设立祭坛，以牺牲自己来祈求天帝降雨的故事，体现的是国家的救灾责任。周朝取代商朝后，国家政权不断完善，救助灾民、贫民及抚恤士兵的责任也开始得到体现。西周时期天子之下设置六大官员，排在第二位并负责民政事务的地官司徒就提出了“以保息养万民：一曰慈幼，二曰养老，三曰赈穷，四曰恤贫，五曰宽疾，六曰安富”的社会救济政策。自此以后，历朝历代的统治者均将救荒、济困、养疾、恤孤、优抚等作为政府的重要职能，视为统治者的仁政和国家责任。以救助为例，在宋朝之前，官方就有各种各样的社会救助活动，但多属临时性质；从宋朝开始，在各州县普遍设立各种固定的救助机构，负责处理相关救助事务，除了官方的社会救助活动，还采取劝分、度牒、义庄等措施来推动民间救助活动。

可见，强调国家责任不仅是中国古代思想家的主张，而且也是中国历代统治者的实践。与社会保障中的国家责任相呼应的是宗法社会下的家国同构，中国作为宗法社会的典型特征是家国存于一体，即家庭、家族与国家在组织结构方面存在着共性，家族是家庭的扩大与延伸，国家则是家族的扩大与延伸，均以血缘、宗法关系来统领，家国存于一体是西方国家所没有的，但在中国却是一种普遍的文化认同，它不可避免地要影响到社会保障，就像家长要对子女负责一样，国家也要对“子民”负责。家国存于一体，国家责任表现在社会保障制度建立、发展及实践过程中更多地体现出“父爱主义”，政府扮演着强势主导者的角色。这种强势主导并不意味着政府要承担全部或主要责任，而是在提供相应的社会保障的同时，规制着家庭保障，牵引着互助或单位保障，而社会成员也以国为家，自助、互助之间的界限并不十分明确，其福利诉求更多地采取自我解决的方式，国家福利制度也往往与家庭保障紧密相关。

20世纪中叶以后，计划经济时代的社会保障采取的是国家负责下的单位(或集体)保障制，家国一体在这一时期又具体转化为单位或集体与家存于一体，各个单位或集体不仅要保障劳动者及其家庭成员的生活，负责救助生活困难的职工家庭，还要解决其子女的教育、就业等问题，甚至连家庭矛盾的化解也是单位或集体负责人的一项工作职责。由此可见，国家负责、家国一体确实是中国社会保障历史进程中的传统特征。

(三) 中国社会保障的传统。自古以来，中国社会是典型的等级差序格局，是建立在礼治基础之上的立体型社会结构，讲究上下尊卑，身份并不具有平等性，但又是有秩序的。费孝通在比较中国与西方社会结构时曾有过精确的阐述：“西洋的社会有些像我们在田里捆柴，几根稻草束成一把，几把束成一捆，几捆束成一挑。每一根柴在整个挑里都是属于一定的捆、扎、把。每一根柴也可以找到同把、同扎、同捆的柴，分扎得清楚不会乱的。在社会，这些单位就是团体……我们不妨称之为团体格局。”而“我们的社会结构本身和西洋的格局是不相同的，我们的格局不是一捆一捆扎清楚的柴，而是好像把一块石头丢在水面上所发生的一圈圈推出去的波纹。每个人都是社会影响所推出去的圈子的中心”。

他由此提出中国的差序格局与西方社会的团体结构相对应，前者与礼治社会相适应，后者与法治社会相适应。礼治社会的维系有赖于社会公认的行为规范，取决于尊卑上下的等级差异的不断再生产，强调的是修身与克己，缺乏平等观，也不承认权利义务之间的平衡，形成的是以自我为中心的推己及人的思维方式，最终通过人伦纽带组成等级明确、上下有序的差序格局，并对中国文化有决定性的影响；法治社会的维系依靠法律，强调平等观念，维护个人权利及其不可侵犯性。

需要指出的是，中国等级差序的社会格局还是以“官本位”为核心的，即社会普遍将是否为官、官职大小当成核心的社会价值尺度衡量个人的社会地位和价值，其他职业则要依附于“官本位”才能获得相应的认可，这种“官本位”意识被上升到制度层面，有一套严密的制度规范。

时至今日，还充斥着官本位意识、官本位文化、官本位机制、官本位行为，表明其对后世的影响仍然根深蒂固。与等级差序格局相适应，中国的社会保障自古以来也具有等级差序性，虽然照顾弱者是历朝历代社会保障实践的重要内容，但这种照顾总是表现为极端有限，而强者获得的保障反而更多。在中国历史上，官吏总能获得更多的福利，官越大，福利越好，并可以荫及家人与子孙；在当代，也可以发现公职人员的社会保障与福利待遇明显高于非公职人员可见等级差序格局对中国社会保障实践的影响深远。另一方面，“中庸之道”作为儒家的核心理念，也是中国社会传统的重要特点，它强调尚中贵和，不走极端，形成的是一种和合文化。受这种文化的影响，许多社会保障问题就是基于“中庸之道”用非正式制度安排来解决的，如自古以来的家族照顾、亲友照顾、邻里照顾、同乡照顾等基于伦理与道义的做法就受到推崇，并在实践中发挥着重要作用；现在提倡的社区照顾式“居家养老”也是典型的本土做法。

因此，与西方国家社会保障讲究严格的法定权益和正式制度安排相比，中国社会保障存在着一个具有弹性的空间，它们不是法定的正式制度安排，却又具有强大的自我保障与相互保障功能，这种传统还将持续下去。

随着政权交替、朝代更迭，新朝会废止旧朝的一些法令，对旧朝一些制度做出相应调整。因此，在改朝换代的过程中，一些制度安排被中断属于正常现象。然而，中国历史上的许多社会保障措施却代代相传，在实践中并非表现为新朝对旧朝制度的直接继承，而是在强大的传统文化维系下呈现出柔性传承的关系。这主要基于三个原因：

1.影响社会保障的传统文化一脉相承。在儒家思想主导下，宗法思想根深蒂固，礼治社会自然延续，即使江山易主，社会主流文化也依然保持着强大的约束力，这一点甚至在由少数民族统治的元朝、清朝也不例外。正是传统文化的强大维系力量，包括社会保障在内的相关制度安排也往往是万变不离其宗。

2. 新朝对旧朝的借鉴。在改朝换代时，新朝不仅需要吸取旧朝的经验教训，更需要利用旧朝的官吏治理国家，这也会在很大程度上因循旧朝的制度，所谓汉承秦制、唐袭隋规，即是中国历史的真实写照，即使是新朝立法，也大多会参考旧朝之法来确定，如大清律就是以大明律为蓝本并接受唐律影响的结果，这一传统使得许多社会保障措施得以传承。

3. 社会保障实践存在路径依赖。如灾荒是历朝历代都需要认真应对的风险，而应对灾荒的措施无非是备灾救荒并采取赈款、赈谷、以工代赈等方略，后世再改进也只是在重视程度与具体实施方式上做出相应调整。又如家庭(族)保障中的孤儿收养，自古就是根据血缘关系按照亲疏原则来处理的，首先对孤儿有收养责任的是他(她)的叔伯，于后是祖父母，再后是堂叔伯等，最后是姻亲属，这种在家庭(族)内部解决孤儿收养问题的保障机制，在今天看来无疑是一种非正式制度安排，但在宗法制度与礼治社会的背景下，却具有刚性约束力，形成强劲的路径依赖。

正是在上述因素的影响下，中国的社会保障在历朝历代之间得以传承，只是这种传承不能等同于法制社会的刚性传承，而是在传统文化的维系下采取柔性传承的方式。如果不能了解和正视中国社会保障的这一历史特征，也就无法理解为什么历经改朝换代而许多社会保障措施依然保留着历史痕迹的基本事实。因此，重视文化因素的影响，或许较经济因素、政治因素等更能够发现隐藏在社会保障发展背后的秘密。

4. 中国社会保障对国家长治久安影响重大。中国历史上国家负责社会保障的传统之所以能代代相传，除了家国同构的社会政治模式与实施仁政的自发需要外，也是维护统治秩序与“家天下”政权延续的需要。自古以来，中国就是灾害多发之国，如果没有相应的社会保障措施，一旦遭遇灾荒，社会就不会安定，大的灾荒往往导致大的农民起义与社会动乱，甚者导致改朝换代，这是中国历史的公例，也是促使救灾、济困等社会保障措施得以产生和发展的自然原因。

例如，西周厉王二十一至二十六年(前856—前851)间的大旱，促成了中国历史上首次大规模平民起义的爆发；秦末陈胜、吴广起义除秦朝暴政这一原因外，还与大泽乡等地暴雨成灾有关；西汉绿林、赤眉起义，以王莽天凤四至五年(17年—18年)的南方大饥荒和山东、江苏大饥荒为背景；东汉黄巾起义也因连年灾荒使百姓流离失所、无法生存所激化；隋末翟让、窦建德、杜伏威领导的农民大起义，是因山东大水灾、河南春荒等促成；唐末王仙之和黄巢领导的农民起义是因869年—874年西起虢川、东达海滨的大范围干旱酿成；宋朝王小波、李顺领导的农民起义，是波及全国各地的水灾、旱灾、虫害、雪灾及疫病流行所激化；明末李自成起义是在崇祯元年(1628年)陕西大饥荒情况下发动起来的；清朝洪秀全起义选定在1848年—1850年间的全国大灾荒时发难并迅速蔓延至江南各省等。

反之，如果救荒措施得力，即使遭遇大灾也不会酿成大乱。例如，后人大多只注意到唐太宗李世民(599年–649年)贞观之治时期的强盛，却较少关注贞观之治期间也是灾害频繁发生，但唐太宗吸取隋朝虽然“存粮如山”却对大旱灾造成的饥荒无所作为，最终导致天下大乱而丧失政权的教训，对救灾高度重视，建立了一套成熟的救灾机制，包括报灾、勘灾、开仓赈灾与移民“就食”，还有一套完善的监察机制与处罚机制，取得了良好的实施效果。

因此，唐太宗期间虽然自然灾害连连，却未出现过大的社会动乱，反而开创了唐朝盛世，也为后世备灾救荒提供了有益的借鉴。

郭沫若在《甲申三百年祭》中总结明朝灭亡的教训时说："饥荒诚然是严重，但也并不是没有方法救济。饥荒之极，流而为盗，可知在一方面有不甘饿死、铤而走险的人，而在另一方面也有不能饿死、足有诲盗的物资积蓄着。假使政治是休明的，那么挹彼注此，损有余以补不足，尽可以用人力来和天灾抗衡，然而却是'有司束于功令之严，不得不严为催科'。这一句话已经足够说明：无论是饥荒或盗贼，事实上都是政治所促成的。"

上述史实与言论，可以算作中国历史上的社会保障与社会安定、国家长治久安密切关联的最好注脚。

5. 家庭在中国自古以来就占有极为特殊的地位。家庭是人类进入文明社会以来生息繁衍的基本单位，也是人类生产、生活、教育、消费的基本单位。尽管家庭的生产功能伴随工业化时代的到来而逐渐弱化，家庭的保障功能也伴随着核心家庭化、少子高龄化及生活方式的现代化而逐渐弱化，但中国人重视家庭的传统并没有多大变化，中国的家庭一直有着极其强大的人文、社会功能。这一传统决定了无论经济多么发达、社会如何发展，家庭均是中国人普遍信赖的、可靠的、稳定的生活保障依靠，人们在遭遇困难或提供帮助时，首先求助或帮助的是家庭内部的成员，之后再按亲疏远近推及他人乃至整个社会。

换言之，社会成员的哺幼、养老问题及生活困难的缓解，以及多种生活服务需求的满足，在很大程度上会通过家庭成员相互扶持的方式来解决。

邓小平曾强调，家庭是社会的一个单元，修身齐家才能治国平天下。认为都搞集体性质的福利会带来社会问题，比如养老问题，可以让家庭消化。欧洲搞福利社会，由国家、社会承担，现在走不通了。老人多了，人口老化，国家承担不起，社会承担不起，问题就会越来越大。全国有多少老人，都是靠一家一户养活的。中国文化从孔夫子起，就提倡赡养老人。

可见，即使到了20世纪末，家庭保障仍然被中国政治家看成是一种天然合理的行为，是中国社会伦理道德的具体体现。在家国同构的社会政治模式下，历朝历代均推崇“孝悌”优先的家庭主义，重视尊老文化传承，并采取相应措施来维护这种传统，许多制度安排也与家庭难以分割，或者需要植根于家庭的基石之上。如王杖制度、老年人福利制度，就是建立在传统的孝道及家庭保障基础之上的一项国家福利制度。时至今日，包括《婚姻法》《继承法》《老年人权益保障法》《妇女权益保障法》《未成年人保护法》《残疾人保障法》等国家法律，均对家庭成员之间的相互扶助义务做出明确的规定。因此，中国历史上社会保障最基础的层次其实是家庭保障及其延伸，这种非正式制度安排具有强大且持久的生命力，然后是政府负责的制度性保障，最后才是社会提供的慈善。

如果不能理解中国人的家庭观念，就不可能真正地全面理解中国的社会保障。家庭在中国社会中所具有的特殊地位，决定了中国的社会保障制度建设不是要替代或者消灭家庭的保障功能，而是要通过社会保障措施来帮助解决家庭伴随时代发展而难以独自解决的生活保障与发展问题，一些社会保障制度透过家庭来实施或者与家庭保障相结合，可能会取得更好的效果，这一点其实已经在具有相似文化传统的日本、韩国等国家得到了验证。

由上可见，中国社会保障发展进程中所呈现出来的历史特征是鲜明的，它与中国独特的文化传统、政治制度及社会生态相适应。这些特征虽然伴随着全球化进程及国情的发展变化也会发生变化，但无论怎样发展变化，中国社会保障的本土色彩不可能被抹掉，这一点已经被历史所证明，也必然被未来所验证。因此，走有中国特色的社会保障道路是必然的选择。

五、研究中国社会保障史的意义

中国历史进程中的一个基本事实，是社会保障思想与实践活动源远流长。中国社会保障史研究的基本任务，即从历史的角度来考察中国社会保障的源头与演进路径，揭示中国社会保障与政治、经济、社会、文化等发展进程的内在关联，并总结中国社会保障的历史规律与本土特征，为中国社会保障的改革与发展提供历史借鉴，同时弥补国际社会保障学说的缺失。

中国社会保障史研究的意义，可以概括为以下三个方面：

(一) 以史为基，可以把握社会保障发展的客观规律。从中国古代的救灾济困措施到现代的福利国家或福利社会，所揭示的是人生来就面临着各种各样的生活风险，而社会保障作为面对个人难以承受的生活风险的一种集体应对机制，事实上是一种久远的制度安排，客观上要受到一国的政治制度、经济发展、社会变迁、文化传统等因素的影响。只要时代在发展，影响社会保障的因素也会发生变化，社会保障也需要不断调整与变迁。

同时，各种正式制度安排与非正式制度安排又存在着显著的路径依赖，会在演进中保持一定的稳定性。这种变与不变所呈现出来的，正是社会保障固有的发展特征。如果没有一定的时间长度，就不可能厘清社会保障制度的真正起源与发展脉络，只有将注意力从关注现实延伸到兼顾历史，才能发现制度背后的传统文化及相关因素的影响。例如，中国是多灾之国，灾害救助作为一项重要的社会保障措施已经存在三千年，尽管救灾方式、责任分担及补偿体系结构已经注入了现代色彩，但现金援助、实物援助及以工代赈却是历朝历代奉行的三大救灾方略；公职人员的福利待遇优厚，一直与中国的等级差序社会结构和“官本位”传统相关联；家庭内部的相互保障还在为建设当代社会保障制度提供富有弹性的巨大空间。这些事实验证的恰恰是历史中国对当代中国的深刻影响。再如，养老体现的是代际负担的自然传承关系，下一代人为上一代人养老和上一代人哺育下一代人是人类得以繁衍生息的历史公理。

虽然伴随经济社会的发展与人口老龄化时代的到来，养老方式会发生变化，但这种变化却不可能割断代际负担的自然传承。正因为如此，养老方式的优劣要经过历史的检验才会有正确的结论，其中养老保险制度的优劣至少需要经历两三代人才能得到检验。在国际上，德国于1889年创建的公共养老保险制度仍然正常运行，显然比20世纪80年代才出现的智利养老金私有化的个人账户制更具参考价值；而机构养老盛行的西方国家近十多年来开始对养老服务采取去机构化的取向，则表明中国悠久的家庭保障与邻里互助传统迄今仍具有借鉴意义。

可见，只有以史为基，从历史的角度来考察社会保障，才可以梳理社会保障思想和实践的发展历程，才能准确理解社会保障的内在属性和固有特征，进而才能真正把握社会保障发展的客观规律。

(二) 以史为鉴，可以为当代社会保障的健康、持续发展注入理性认识。古为今用，是历史研究的重要目的，因为前人的经历与智慧总能够给后人以启迪。迄今为止，世界上还没有公认的最佳社会保障模式，有的只是适合国情及所处时代的社会保障政策，这说明社会保障需要植根于国情与时代，且应当保持理性，而理性的制度安排只能在对历史的深刻把握并认真吸取其经验教训的基础上才能产生。

如果缺乏对社会保障思想和实践的历史借鉴，就无法全面准确地理解当前社会保障制度建设所面临的问题和困难，也无法设计出符合社会保障发展规律和社会传统文化的合理制度。联系到当前，一些社会保障政策往往以解决现实问题为出发点与归宿，很少从历史视角来考虑长远的发展，结果“头痛医头，脚痛医脚”，虽然暂时解决了一些问题，却留下了后遗症，有的改革措施还因无法取得社会共识而成为引发社会矛盾的新源头。例如，家庭保障传统因计划生育政策及其实施过程中对“养儿防老”的片面批判，正在受到削弱；在老龄社会到来后，西方盛行的机构养老获得了前所未有的重视，而最适合中国老年人的居家养老却成了被忽略的角落。这些现象已经使一些老年人的生活质量受到影响。

邻里互助与单位保障的传统因市场化的冲击而不再具有普遍性，“远亲不如近邻”在一些地方被“相对形同陌路”的邻里现象所取代；劳动关系在一些单位蜕变成了简单的劳动力商品买卖关系，即“劳动–工资”关系，劳动者因此缺乏应有的归属感。值得肯定的是，自力更生与生产自救传统则在政府负责的举国救灾体制不断强化下走向式微，具有积极意义的以工代赈传统正被送进历史等。所有这些，均使现行制度安排不同程度地面临陷入发展困境的危险。类似现象的出现，源自对本国历史经验与教训的轻视。

因此，开展中国社会保障史研究，有助于看清各项社会保障措施的来龙去脉及其利弊，以及发挥其正常作用所需要的条件，进而增强建设当代社会保障制度的理性认识，在继承和发扬优良传统的基础上实现可持续发展。

（三）以史为据，可以弥补国际社会保障学说之缺失。中华文明史数千年来从未中断，堪称世界上能够完整地反映社会保障思想与实践历史进程的最具代表性的国家，这对于考察社会保障的历史进程显然具有其他任何国家都无可比拟的优势。同时，中国与西方具有不同的文明史，从社会保障思想的源头就可以看出差异，并深刻地影响着社会保障实践，形成了不同的发展路径，这更增加了中国社会保障的历史价值。例如，中国思想家孔子和古希腊思想家柏拉图是两位世界思想巨人，对后世的影响都很深远。孔子提出大同社会的主张，柏拉图描绘了理想国的蓝图，他们表达的都是对理想社会的向往，反映出社会保障作为理想社会的重要构成要素，在东方与西方其实具有相通的思想渊源。

不过，这种思想渊源又因孔子与柏拉图在世界观与方法论上的差异及各自独特的精神追求而存在差异，孔子讲求"君君、臣臣、父父、子子"的社会等级差序，而柏拉图强调职业身份有别但主张男女平等；孔子讲求中庸之道，强调善与恶的统一，而柏拉图讲求思辨，强调精神与物质世界的统一。另外，作为西方文明重要源头的耶稣，讲的是博爱，追求的是在人格平等基础上的个性解放与个人自由，以家庭为轻，并且总是将大爱与大恨交织在一起，这与孔子讲"仁"与"礼"、强调修身持家、推崇尚中贵和也有着巨大差异。可见，东、西方的文化差异在源头就出现了。不仅如此，中国与西方的社会形态演进也不完全相同。杨宽指出："中国从古以来历史发展有其独特的规律，根本不同于欧洲的历史，既没有经历像古代希腊、罗马那样的典型奴隶制，更没有经历过像欧洲中世纪那样的领主封建制，而是从井田制的生产方式发展为小农经济以及地主经济的生产方式。"

这些文化与社会形态演进的差异性，无疑会对社会保障的起源及历史发展进程产生重大影响。中国很早就由国家承担社会保障责任，西方很长时间却只有宗教慈善的历史，这是对东、西方文化差异与社会形态差异的最好注解。

伴随当代世界全球化进程的加快，各国之间相互交融的广度与深度将超过历史上的任何时期，以市场经济为主要手段的经济形态也正在日益趋同，但历史告诉我们，中国与西方国家的文化、社会、政治形态仍将存在差异，从而决定了各具特色的社会保障发展道路仍将继续。正如亚伯拉罕森指出的："斯堪的纳维亚福利体制对于其他地区而言是值得借鉴的，但不能复制，因为它是建立在涉及政治文化和民族同质性等众多前提假设上的。”

以历史事实为依据，可以发现，中国社会保障发展历程之漫长，福利思想之多元，实践内容之丰富，制度模式之独特，实为世所罕有。如果对此予以忽略，就像世界文明史上只见耶稣、柏拉图而不见孔子一样，是具有根本性缺陷的。因此，开展中国社会保障史研究，通过梳理史料来厘清中国社会保障发展的历史脉络，可以将人类社会保障思想和实践的起源与发展向前推进一大步，这将有助于扭转当代世界忽略中国社会保障发展史及其历史贡献的倾向，为全面把握采取社会保障措施来应对人生风险的历史进程与历史规律提供科学的依据。

综上，中国社会保障发展的悠久历史在世界上无可替代，既沉淀了中华文明的精华，也必然含有一些过时的糟粕，这正是它的独特研究价值之所在。因此，对中国社会保障史的研究，兼具基础研究、本土理论与世界意义，它不仅可以为当代中国的社会保障理论与实践的发展提供历史借鉴，同时也肩负着为世界认知中国社会保障历史并弥补国际社会保障学说缺失提供科学依据的使命。

不过，强调中国与西方国家文明史、传统福利文化与社会保障发展的差异，并不意味着否定这一制度发展的一面，即无论哪个民族、哪个国家、哪种社会形态，个人或家庭都可能遇到陷入生活危机的困境，都需要对危及或影响个体生存状态与生活质量的风险采取集体应对措施，社会保障就是以其独特的功能而成为各国不可替代的选择，其共性是建立在互助意识、利他主义和责任共担的基础之上，并必然经历从选择性制度到普惠性制度的转变，这应当是社会保障发展的普遍规律。如果能够在注重中国特色的同时也尊重普遍规律，在尊重普遍规律的同时不忘历史的经验教训，一定会有助于理性地构建当代中国的社会保障体系，并使其获得健康、持续的发展。

结束语

通过历朝历代的社会保障发展，我们不难看出，制定和施行社会保障制度都是国家的一项重要职能。不管是出于个别君主受传统文化仁爱思想的影响，还是基于为了巩固统治的目的，统治者们大都非常重视国家的社会保障制度建设及实践，在实行中也加强监管。

新中国是一个人民民主专政的社会主义国家，人们当家做主是新中国与古代社会的明显区别。在这样一个人民民主的国家中，政府更应该把发展完善社会保障事业作为政府的重要职能。在进一步深化改革开放，完善社会主义经济的今天，面对一系列的新问题，例如住房问题、养老问题、农民医疗保障问题、福利问题等，能否把握好民生所求、民生所想、切实解决满足人民日益增长的物质文化需求，将是我们能否全面建成小康社会的关键所在。把握住了这个关键，我们终将在党的领导下建成社会主义现代化强国，实现伟大的中国梦。